LANG-SON

JOURNAL DES OPÉRATIONS

QUI ONT PRÉCÉDÉ ET SUIVI LA PRISE DE CETTE CITADELLE

PAR

le Capitaine **ARMENGAUD**

PARIS
LIBRAIRIE MILITAIRE R. CHAPELOT ET Ce
IMPRIMEURS-ÉDITEURS
30, Rue et Passage Dauphine, 30

1901

LANG-SON

PARIS. — IMPRIMERIE R. CHAPELOT ET Cᵉ, 2, RUE CHRISTINE.

LANG-SON

JOURNAL DES OPÉRATIONS

QUI ONT PRÉCÉDÉ ET SUIVI LA PRISE DE CETTE CITADELLE

PAR

le Capitaine **ARMENGAUD**

PARIS

LIBRAIRIE MILITAIRE R. CHAPELOT ET Cie

IMPRIMEURS-ÉDITEURS

30, Rue et Passage Dauphine, 30

1901

LANG-SON

Journal des opérations qui ont précédé et suivi la prise de cette citadelle.

AVANT-PROPOS.

Après l'affaire de Bac-Lé, en 1884, de nouvelles troupes étaient envoyées en Extrême Orient; la marche sur Lang-Son, décidée, n'attendait que ces renforts; pendant ces préparatifs l'amiral Courbet opérait dans la mer de Chine. Il s'agissait d'obtenir du Céleste Empire la signature d'un traité de paix qui nous laissât maîtres au Tonkin et en Annam.

Quatre bataillons d'infanterie quittaient l'Algérie en novembre, deux étaient destinés au Tonkin (3e bataillon du 1er tirailleurs, commandant Comoy; 3e bataillon de la légion étrangère, commandant Schœffer), et les deux autres (4e bataillon de la légion étrangère et 3e bataillon d'infanterie légère d'Afrique) devaient renforcer l'expédition de l'amiral Courbet, à Formose.

Les bataillons destinés au Tonkin quittaient Alger le 22 et le 23 novembre. Ils étaient embarqués : les tirailleurs sur le *Chéribon* et les légionnaires sur le *Chandernagor*, paquebots de la Compagnie nationale de navigation, qui avaient déjà chargé à Toulon du matériel de guerre et des munitions.

Ils débarquaient à Phu-Lang-Thuong, les 5 et 6 janvier 1885, après une heureuse traversée et un transbordement à Haïphong, où les paquebots s'arrêtaient.

L'auteur, qui appartenait à la légion étrangère, se propose de raconter les opérations qui ont eu lieu dans la région de Lang-Son, auxquelles il a assisté, relatant surtout la part prise par son bataillon, sa compagnie (la 3e), dans les différents combats. Les notes prises au jour le jour, les croquis levés également sur le moment, lui permettent de donner à ce récit toute la valeur d'un document vécu et l'intérêt qui s'attache toujours à la vérité.

Période préparatoire.

« Phu-Lang-Thuong, sur le Song-Thuong, est un village fortifié sur la route mandarine d'Hanoï à Lang-Son et la Chine. On a installé de grands magasins de vivres, approvisionnés très facilement par des jonques, que remorquent des chaloupes à vapeur. Ces convois, venant de Haïphong, remontent le Cua-Cam jusqu'aux Sept-Pagodes, puis le Song-Thuong jusqu'à destination.

« Mon bataillon est cantonné à Phu-Lang-Ghian, à 2 kilomètres de Phu-Lang-Thuong ; le cantonnement sera la règle au Tonkin, et le campement l'exception.

« Les premiers jours sont employés aux préparatifs de marche, les chevaux arabes que le bataillon a dû laisser à Haïphong sont remplacés par des chevaux annamites, tout petits, mais trapus, meilleurs que ne le fait supposer leur chétive apparence.

« Nous recevons les coolies destinés au transport de nos bagages et à remplir l'office de brancardiers dans les combats. Chaque compagnie a 18 de ces indigènes et un caï-coolies (caporal de coolies) pour les commander ; 8 seront employés exclusivement au transport des brancards pendant la route ; défense expresse d'en faire un autre usage, même lorsque la compagnie n'a ni malade ni blessé à transporter. »

Nui-Bop.

Le beau fait d'armes de Nui-Bop nous est communiqué le 6 janvier.

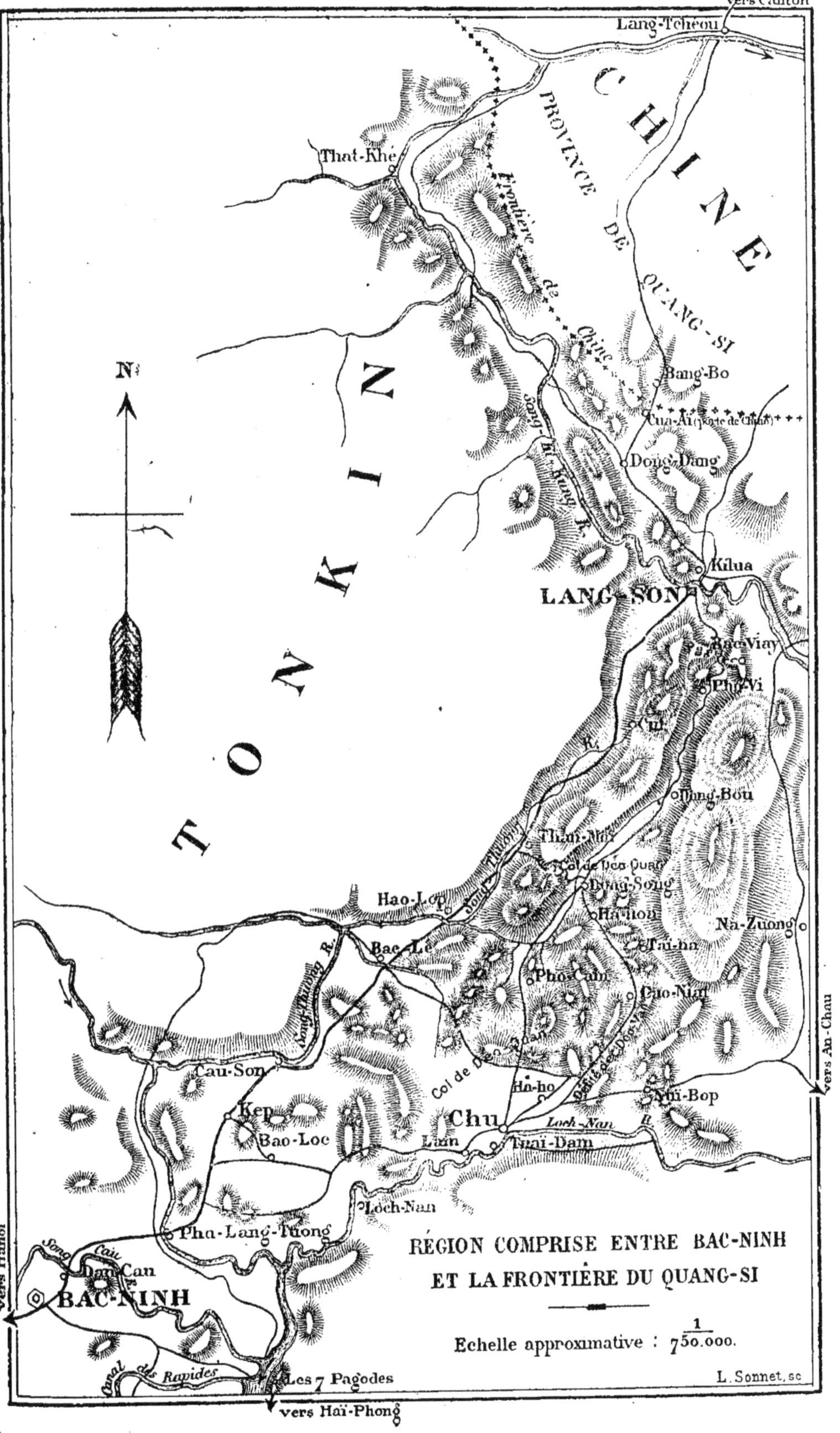

RÉGION COMPRISE ENTRE BAC-NINH
ET LA FRONTIÈRE DU QUANG-SI

Echelle approximative : $\frac{1}{750.000}$

Les Chinois avaient établi à ce point, situé à 18 kilomètres de Chu (E.-E.-N.), un camp retranché, qu'ils fortifiaient encore et approvisionnaient en vue de l'offensive.

Cette position, située à petite distance du Loch-Nam, leur permettait de passer facilement sur la rive gauche de cette rivière ; de prendre à revers notre base d'opérations et de s'avancer dans le Delta.

Le général de Négrier, laissant la défense de Chu au lieutenant-colonel Donnier, se porte sur Nui-Bop le 3 janvier, dissimulant sa marche sur la rive gauche du Loch-Nam, en envoyant une reconnaissance sur le chemin direct qui suit la rive droite. Le combat commençait à 4 heures, le passage de la rivière ayant été très laborieux ; les Chinois qui assaillirent l'avant-garde furent repoussés, la colonne se déployait et s'emparait de hauteurs où l'artillerie prenait position pour le lendemain, car la nuit arrivait.

Dès l'aube (le 4 janvier), les Chinois prenaient l'offensive et mettaient en fâcheuse position une compagnie du 111e, qui, se maintenant pendant trois quart d'heure, fut dégagée par l'infanterie de marine. A partir de ce moment l'ennemi se tint sur la défensive et le combat ne prit fin qu'à midi, après l'assaut donné au réduit formé par deux ouvrages, reliés par un parapet coupant la route de Chu.

La victoire était complète, l'ennemi en déroute laissait entre nos mains des approvisionnements, des munitions, de l'artillerie, des animaux.

Les forces chinoises étaient estimées à 10,000 hommes. Huit forts et quelques autres ouvrages de moindre importance, défendus par 10 canons Krupp, avaient été enlevés par une colonne composée de moins de 3,000 combattants.

Nos pertes étaient : 13 tués et 76 blessés, dont 3 officiers ; 500 à 600 cadavres ennemis jonchaient le sol.

Ces chiffres ont leur éloquence.

Départ du bataillon, le 20 janvier, pour aller relever à Kep le bataillon détaché du 23e de ligne. Ce poste, situé à 14 kilomètres sur la route de Lang-Son, occupe une belle position ; des blockhaus sont établis sur les points qui commandent les débouchés.

La prise de Kep, en novembre dernier, a été un beau succès ;

les Chinois occupaient le village qu'ils avaient fortifié; on ne vint à bout de leur résistance qu'en faisant une brèche et en enlevant les cagnas une à une.

Ce village a été entièrement détruit; la redoute actuelle est l'ouvrage du bataillon du 23e.

Travaux de route, aménagements à Kep, reconnaissances journalières, service de sûreté, nous occupent jusqu'au 29 janvier.

Le général de Négrier, arrivé le 29, faisait, le 30, avec toute la garnison, une forte reconnaissance sur la route de Chine pendant laquelle le ballon captif, qui était arrivé la veille, opérait trois ascensions, à hauteur de Causson.

Nous partions le 31, laissant 30 hommes par compagnie, destinés à former des sections de forteresse.

Ces hommes, choisis parmi les moins vigoureux, devenaient les défenseurs de Kep, avec une section d'artillerie de marine et un peloton de tirailleurs tonkinois; le tout sous le commandement du lieutenant-colonel Godard.

Le bataillon arrivait à Phu-Lang-Thuong, vers 9 heures du matin, s'embarquait immédiatement sur des canonnières et débarquait le même soir à Lam, sur le Loch-Nam, où il passait la nuit.

Le lendemain, nous cantonnions à Ha-Ho, village situé à 8 kilomètres nord-est de Chu, après nous être arrêtés quelques heures dans ce dernier poste pour y recevoir des vivres.

Toutes les troupes destinées à l'expédition de Lang-Son, étaient déjà rassemblées autour de Chu dans les villages environnants; nous arrivions les derniers après avoir fait la démonstration du 30, laissant supposer à l'ennemi que nous suivrions la route mandarine comme la colonne Dugêne.

Marche sur Lang-Son.

COMPOSITION DE LA COLONNE EXPÉDITIONNAIRE.

Commandant en chef : général Brière de L'Isle;
Chef d'état-major : lieutenant-colonel d'infanterie Cretin;
Sous-chef d'état-major : commandant d'infanterie de marine Ledentu;
Service topographique et des renseignements : capitaine d'infanterie Lecomte;

Cavalerie : capitaine GACHET, du 1er chasseurs d'Afrique ;
Artillerie : colonel BORGNIS-DESBORDES ;
Pontonniers : lieutenant RÉMUSAT ;
Génie : capitaine JOSSE, du 4e génie ;
Télégraphie optique : lieutenant d'infanterie SAILLARD ;
Télégraphie électrique : M. BOURREL, agent de l'administration des télégraphes ;
Convois : chef d'escadron d'artillerie PALLE ;
Service de l'intendance : sous-intendant militaire DE LA GRANDIÈRE ;
Service des ambulances : médecin principal DRIOUT ;
1 section de pontonniers du 1er régiment;
1 section du génie du 4e régiment.

1re BRIGADE.

Commandant : colonel d'infanterie GIOVANNINELLI ;
Major de la brigade : capitaine d'infanterie de marine DE BEYLIÉ ;
Régiment d'infanterie de marine : lieutenant-colonel CHAUMONT ;
(2 bataillons : LAMBINET et MAHIAS);
Régiment de tirailleurs algériens : lieutenant-colonel LETELLIER ;
(2 bataillons : COMOY, du 1er régiment ; DE MIBIELLE, du 3e régiment);
Bataillon de tirailleurs tonkinois : commandant TONNOT ;
Artillerie : chef d'escadrons LEVRARD, de l'artillerie de marine ;
(2 batteries de 80mm de montagne, 1 batterie traînée de 4 rayé de montagne de l'artillerie de marine).

2e BRIGADE.

Commandant : général de brigade DE NÉGRIER ;
Major de la brigade : chef d'escadrons d'artillerie FORTOUL ;
Régiment de marche d'infanterie : lieutenant-colonel HERBINGER ;
Bataillon du 23e de ligne : capitaine DE MORINEAU ;
Bataillon du 111e de ligne : commandant FAURE ;
Bataillon du 143e de ligne : commandant FARRET.
Légion étrangère. { *2e bataillon :* commandant DIGUET ;
3e bataillon : commandant SCHŒFFER ; }
2e bataillon d'infanterie légère d'Afrique : commandant SERVIÈRE ;
Bataillon de tirailleurs tonkinois : commandant JORNA DE LACALLE ;
Artillerie : chef d'escadrons DE DOUVRES ;
(2 batteries de 80mm de montagne du 12e d'artillerie, et 1 batterie de 4 rayé de montagne de l'artillerie de marine).

Chaque brigade possédait en outre :

1 peloton de 25 chasseurs d'Afrique ;
1 section de génie de 50 hommes, organisée avec des Tonkinois commandés par des gradés français ;
1 section d'ambulance ;
1 convoi, munitions de réserve, vivres et bagages.

Les convois des brigades étaient divisés en sections, dont

quelques-unes, encadrées par le personnel du train des équipages, avaient de petits chevaux tonkinois, bâtés et chargés de caisses de vivres ; toutes les autres sections n'avaient que des coolies. Il en était de même de l'ambulance, où ces indigènes rendaient des services comme infirmiers.

La colonne avait un effectif de 7,000 hommes ; 4,000 coolies étaient employés aux convois et 2,000 devaient exécuter les travaux de route en arrière des colonnes.

Les coolies formaient des compagnies, commandées par des officiers d'infanterie de marine, secondés par des doï-coolies et des caï-coolies (sergents et caporaux), ce qui permettait de conserver un ordre indispensable pour les chargements, la marche, le bivouac ou le cantonnement, les distributions de vivres, le payement, etc.; ce service a très bien fonctionné.

3 *février*. — Les différentes fractions de l'expédition quittent leurs cantonnements, le 3 février, à la première heure, se dirigeant sur le Déo-Van, point choisi pour pénétrer dans le massif montagneux.

Ce col est occupé par mon bataillon une partie de la journée, pendant que les tirailleurs tonkinois adoucissent les pentes du sentier pour le passage de l'artillerie. Quelques coups de fusil sont échangés avec des patrouilles chinoises, qui se contentent de nous observer sans défendre un seul passage et rentrent dans leurs lignes. Enfin, le soir, vers 6 heures, à la nuit, la 2e brigade occupe les bords d'une vallée ayant devant elle les camps chinois, pavillons au vent. La 1re brigade est en deuxième ligne, où elle doit rester jusqu'au lendemain de Dong-Song.

Ma compagnie bivouaquait ce soir-là de grand'garde, sur un piton très élevé, au nord de la vallée, où il lui fut très difficile, pour ne pas dire impossible, d'aller à l'eau qui coulait dans le fond, les pentes étant très raides, les ajoncs élevés et la nuit très obscure. La viande de conserve fut précieuse en cette occasion ; les hommes n'avaient pris qu'un café le matin avant le départ, et cependant nous n'avions pas fait plus de 15 kilomètres.

Combat de Thaï-Hoa.

4 février (*croquis n° 1*). — L'ennemi occupait tous les mamelons commandant la vallée; chaque élévation était couronnée par une redoute en terre. Ces ouvrages coupaient absolument la route de Dong-Song.

Le plan général pour faire tomber ces défenses était d'attaquer et de prendre les forts de l'est, pour rejeter l'ennemi vers le sud-ouest et le couper de sa ligne de retraite.

Le brouillard retarda le départ jusqu'à 9 h. 1/2; le contact était pris à 1 heure par le régiment Herbinger, qui avait reçu la mission de s'emparer du fort B (*croquis n° 1*), situé sur la gauche de la ligne chinoise, dominant tous les autres. Au même moment la canonnade commence; tous les forts visibles sont fouillés par les obus, mais la plupart des coups sont dirigés sur les forts A et B. Mon bataillon attend en spectateur, l'arme au pied, formé en colonne double, dans une rizière au fond de la vallée.

La marche en avant était excessivement laborieuse, le régiment Herbinger se butait à des obstacles imprévus dans un terrain très coupé et défendu par des postes chinois qui ne cédaient qu'après combat.

Vers 3 heures, mon bataillon reçut l'ordre de se diriger sur le fort A, pour l'attaquur par le sud-ouest; son mouvement était appuyé par deux compagnies du 2e bataillon d'Afrique.

Le terrain n'est pas favorable, nous traversons d'abord un petit bois dans la vallée, des ruisseaux très larges, des rizières bourbeuses; nous grimpons presque à pic une colline boisée qui nous permet de déboucher à environ 500 mètres de l'ouvrage. Il avait fallu marcher en file indienne, toute autre formation étant impossible; on avait dû accélérer l'allure pour compenser la perte de temps que cette marche produit toujours.

L'espace qui nous séparait du fort A était absolument découvert et la pente était raide, surtout à 200 mètres de la position. Il nous fallait suivre la crête d'un escarpement pendant les trois quart du trajet, exécutant ainsi une marche de flanc devant les

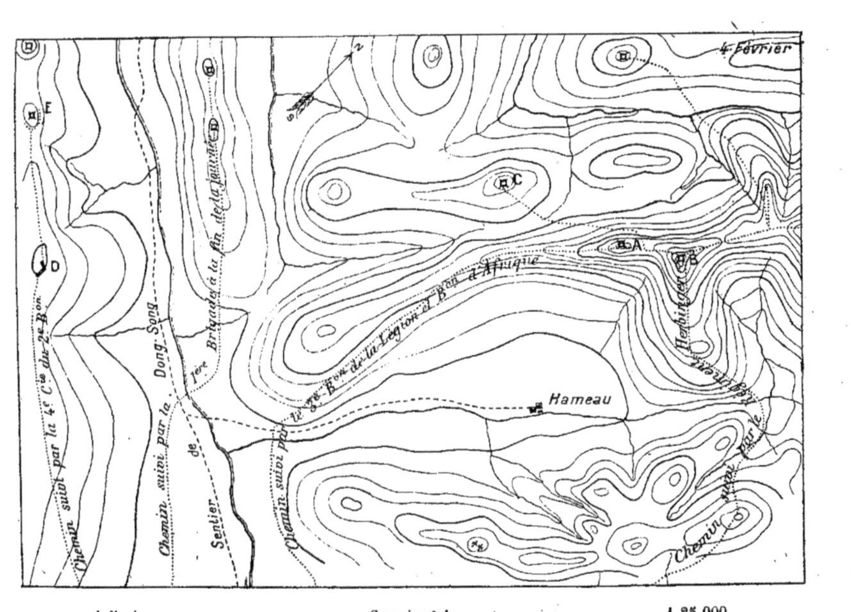

4 février. Croquis n° 1. 1/25,000.

ouvrages chinois C, qui nous fusillaient à bonne distance avec des feux rasants bien dirigés.

Impossible d'éviter cette position désavantageuse : passer hors des coups des fortins, c'était retarder l'attaque, car il fallait suivre le ravin que l'on n'aurait pu remonter sans de grandes difficultés. L'artillerie et la mousqueterie du fort A nous saluaient de face.

A environ 250 mètres des parapets, nous trouvons un abri formé par quelques grandes broussailles ; on en profita pour reformer les sections, puis les compagnies, afin de donner l'assaut. La troupe était à bout de forces ; le sac, alourdi par les cartouches et 5 jours de vivres (chaque homme portait 120 cartouches), avait augmenté les fatigues inhérentes au terrain ; aussi, pour l'effort final, recevait-on l'ordre de mettre sac à terre.

La ligne d'attaque est reformée, les hommes, moins chargés, grimpent plus lestement, malgré un feu d'enfer bien dirigé par les défenseurs ; enfin, lorsque la tête de la colonne (compagnie Michel) n'est plus qu'à 100 mètres du fort, un dernier feu rapide, vomi par les parapets, masque entièrement l'ouvrage par sa fumée, et un silence complet succède aux détonations. Les défenseurs venaient de profiter, pour fuir, de la fumée de cette dernière convulsion, abandonnant artillerie, drapeaux, quelques morts et les blessés du dernier moment.

Le fort est occupé immédiatement par la légion, qui poursuit l'ennemi de ses salves ; celui-ci se dissimule dans les hautes herbes et gagne Thaï-Hoa ; le drapeau français est arboré aussitôt.

Il était 4 h. 1/4, le régiment Herbinger s'emparait, 10 minutes après, du fort B, que les défenseurs abandonnaient, voyant que le fort A était à nous. Il nous semblait possible de continuer la marche en avant, ayant pour objectif d'autres ouvrages peu éloignés, mais l'ordre fut donné de nous établir sur les croupes conquises, où nous devions bivouaquer. Cependant une compagnie du bataillon d'Afrique est envoyée pour s'emparer du fort C, que nous dominons ; elle l'occupe sans résistance, l'ennemi l'ayant évacué. Elle reçoit néanmoins quelques coups de fusil des bois avoisinants. Ce combat coûte à mon bataillon 1 tué (l'adjudant Denus), 43 blessés.

La 4e compagnie du 2e bataillon de la legion. — Pendant que deux colonnes attaquent les forts A et B, que l'artillerie canonne les ouvrages en vue, cette compagnie est envoyée par le général de Négrier, sur notre gauche, avec mission de se tenir à hauteur des autres colonnes, jusqu'au moment où la 1re brigade, qui devait arriver sous peu, la remplacerait, pour opérer de ce côté. Une redoute D qui lui barrait le chemin fut enlevée d'un premier élan, malgré une vive résistance. Un fortin E, précédé de retranchements, se trouvait à peu de distance et empêchait la marche en avant. Le capitaine Gravereau, qui commandait cette compagnie, décida de l'attaquer et fut aidé cette fois par une compagnie de tirailleurs algériens faisant partie d'un détachement de la 1re brigade, envoyé au secours de la compagnie de la légion.

Les retranchements furent vite enlevés, mais le fort résista ; la lutte fut opiniâtre. Enfin, les légionnaires, entraînés par leurs officiers, pénétraient dans le fort, suivis par les tirailleurs algériens et s'y installaient.

Il était 6 heures, la nuit arrivait et avec elle des retours offensifs de l'ennemi qui tentait de reprendre cet ouvrage.

Les derniers coups de fusil étaient tirés vers 8 h. 1/2 ; le fort nous restait. Que cette fusillade faisait mal ! On ne savait ce qui se passait ; la nuit était obscure et nous pouvions voir, comme des éclairs, ces coups de feu, sans avoir la faculté d'aller secourir les nôtres. Deux compagnies de tirailleurs algériens et deux compagnies d'infanterie de marine, envoyées par la 1re brigade au secours des compagnies engagées, n'ont pas réussi à les rejoindre ; les ravins, les jungles, les escarpements, l'obscurité ont été autant d'obstacles qui ont empêché cette jonction.

La compagnie Gravereau avait perdu le tiers de son effectif : le capitaine, tué dans le fortin après l'assaut ; le lieutenant Lacroix, blessé à la main ; le sous-lieutenant Ruspoli, blessé mortellement avant l'assaut. Le commandement de la compagnie tombait entre les mains de l'adjudant. C'était une rude journée.

Travaux de fortification des Chinois. — Ces travaux de fortification, que nous sommes appelés à voir souvent encore, méritent cette remarque que notre ennemi est le premier terrassier du monde, à en juger par les mètres cubes qu'il a remués en si peu de temps et par les routes qu'il a faites. La reconnaissance topographique, exécutée après la prise de Dong-Song, a relevé une *centaine* de redoutes, forts ou fortins faisant partie de la défense de Dong-Song. C'est inouï.

Le terrain est mamelonné, et chaque élévation a son ouvrage, dont l'importance varie avec sa situation. Presque toujours complètement fermé, il présentait souvent double enceinte avec chemin couvert ; des murs crénelés, munis la plupart du temps de grands fusils de rempart. Les défenses accessoires (dont les principales consistaient en petits piquets de bambou), étaient très nombreuses ; puis il n'était pas rare que ces forts fussent précédés de retranchements qui fournissaient une ceinture de feux étagés ; enfin les ouvrages se flanquaient réciproquement. L'abri de la garnison était assuré par des tentes ou des cagnas ; les munitions, les armes étaient placées dans des casemates.

Combat de Ha-Hoa.

5 *février*. — Le mouvement en avant ne commençait pas avant 9 h. 1/2 ; le brouillard ne se dissipe qu'à cette heure.

De nombreux forts sont devant nous, les tentes blanches et les innombrables pavillons leur donnent un air de fête et de défi ; nos efforts vont tendre à changer cet aspect (*croquis n° 2.*)

Les deux brigades ayant leur tête à peu près à la même hauteur, la 1re doit attaquer la droite des Chinois, la 2e la gauche.

Le général de Négrier ordonna l'attaque par le régiment Herbinger ; la légion et les compagnies du 2e bataillon d'Afrique étaient en réserve ou en soutien d'artillerie. Cette dernière prenait position dès le commencement pour coopérer à battre, avec l'artillerie de la 1re brigade, installée au fortin Gravereau, sur la rive gauche de la rivière, un fort important que les tirailleurs algériens attaquaient.

Pendant ce temps, nous descendions des hauteurs conquises la veille, traversions un hameau abandonné, où nos hommes, pendant une petite pause, trouvèrent moyen de s'approvisionner de viande de porc. Une dizaine de ces animaux, gros comme de petits chiens, étaient capturés, égorgés et partagés dans les escouades ; on sentait qu'ils ne seraient pas de trop le soir, dès

5 février. Croquis n° 2. 1/25,000.

qu'on pourrait les mettre dans la gamelle, car il y avait déjà un jour de jeûne.

L'attaque des tirailleurs algériens réussissait et nous donnait à gauche un fort point d'appui d'où la 1re brigade menaçait la droite ennemie. Notre artillerie, dès lors, concentre ses feux sur les points attaqués, changeant d'objectif à mesure que les forts ou redoutes tombaient.

Les Chinois défendirent opiniâtrement la croupe V où ils avaient établi une forte ligne de retranchements; le régiment Herbinger subit là quelques pertes, mais réussit à enlever ces positions et continua à marcher en avant sur le fortin O.

La pagode K, avoisinée de pins parasols, dominait tous les ouvrages chinois, mais sa position étant d'un accès très difficile, on la négligea malgré ses ouvrages qui, défendus par une petite garnison, ne firent guère de mal.

L'ennemi mit le feu aux cagnas de cette position et brûla son matériel qu'il ne pouvait emmener, dès qu'il put craindre sa retraite compromise ; il fit de même sur d'autres points qui tombèrent sans que l'attaque de l'infanterie fût nécessaire.

Enfin, les forts T, R, S, couverts d'obus et de mitraille, étaient enlevés par la 2e brigade ; la 1re, gardant toujours la défensive, retenait en face d'elle des forces chinoises qu'il était important de distraire des fortes positions qui devaient nous livrer la route de Dong-Song.

La journée était à nous ; l'ennemi, en fuite, abandonnait son matériel. Des ordres furent donnés pour les grand'gardes et emplacements à occuper au bivouac ; mon bataillon passa la nuit au point M, où nous arrivions vers 6 heures du soir. Les trains ne rejoignirent les corps qu'en partie ; seules, les cantines de popotes nous étaient portées, nous avions dû nous en passer la veille.

Le général en chef, qui était resté avec la 1re brigade dans la journée, vint camper au fort R qui semblait le principal de la ligne de défense. Cet ouvrage, muni d'un parapet à double étage de feux, avait des défenses accessoires remarquables ; une cinquantaine de tentes y avaient été abandonnées, y compris celle du commandant en chef. On y trouva aussi des armes, de la poudre, des cartouches, des sacs de riz, des uniformes ; mais les canons avaient été emportés.

Combat de Dong-Song.

6 *février*. — Le chemin de Dong-Song passe dans un défilé à l'entrée duquel la 2e brigade a bivouaqué ; celle-ci prend la tête de la colonne d'attaque, la 1re restant en réserve.

L'avant-garde se compose des compagnies du 2e bataillon d'Afrique et du 2e bataillon de la légion, elle s'engage dans le défilé pendant que le reste de la brigade opère sur les hauteurs avec l'artillerie. Une pluie fine tombait depuis la première heure et rendait le terrain très glissant ; l'avant-garde ne commençait son mouvement qu'à 10 heures. Un fort A (*croquis no* 3) canonnait le défilé et n'était enlevé par le bataillon d'Afrique qu'après une vive résistance, ayant fait subir des pertes sérieuses, puis nos troupes se trouvèrent en face d'un long retranchement B, casematé et crénelé, qui barrait entièrement la route.

Le retranchement, menacé sur tout son front par nos tirailleurs, était attaqué réellement sur sa droite, qui succombait.

Nos rangs subissaient des pertes sensibles. Le feu de l'ennemi, nourri et bien dirigé, diminuait au fur et à mesure des progrès que nous faisions sur sa droite ; il cessait complètement lorsque cette partie était prise ; l'ennemi nous abandonnait encore cette ligne, derrière laquelle il fut trouvé une grande quantité de munitions. L'artillerie avait puissamment contribué à ce résultat par son tir bien réglé.

Notre bataillon, envoyé à l'extrême droite pour empêcher tout mouvement tournant, eut à surmonter des obstacles et des difficultés inouïes dans l'exécution de cette tâche. Quelques feux de salve sur des groupes en retraite suivant les crêtes nord-est de Dong-Song, notre marche accélérée vers le nord, menaçant la retraite de l'ennemi, indiquent tout notre rôle ce jour-là. Cependant la fatigue fut excessive pour notre troupe qui dut grimper des croupes abruptes, traverser des ravins escarpés, franchir des ruisseaux sans ponts et des bois touffus, sans arrêt tout le jour. Nous arrivions à 9 h. 1/2 du soir, quoiqu'ayant entendu sonner le ralliement de la brigade à 4 h. 1/2.

La 1re brigade, traversant Dong-Song, bivouaquait à 3 ou

4 kilomètres, sur la route de Lang-Son, occupant deux ou trois forts abandonnés.

Le camp retranché de Dong-Song était à nous, le général allait y installer un poste de protection pour nos convois; nous devions y rester deux ou trois jours pour y toucher des vivres et détruire tout le matériel et les munitions trouvés.

Le général en chef fit paraître et communiquer, le 7 février, l'ordre suivant :

Officiers, sous-officiers et soldats,

Les formidables camps retranchés de Ha-Hoa et de Dong-Song sont entre vos mains, avec d'immenses approvisionnements d'armes, de munitions et de vivres, que votre élan n'a pas permis à l'ennemi d'emporter.

Les combats des 4, 5 et 6 février vous ont rendu maîtres de ces admirables positions, sur lesquelles l'armée chinoise avait compté pour vous barrer les débouchés du Déo-Van et du Déo-Quao, et vous interdire les routes de Than-Moï et de Dong-Song.

Pendant ces trois jours, vous avez égalé les troupes les plus citées dans les annales de l'armée française et ajouté une belle page à notre histoire nationale.

Honneur à vos chefs et à vous!

Vous approchez du terme de votre mission. Des combats, des privations et des fatigues vous attendent encore. Les vertus militaires, dont vous avez donné tant de preuves, garantissent le succès de l'avenir.

BRIÈRE DE L'ISLE.

On a évalué de 15,000 à 18,000 hommes l'effectif des troupes chinoises qui occupaient le camp retranché de Dong-Song, elles étaient commandées par le général Pa-Thao et composées en majeure partie des soldats de Yunnan.

Dong-Song. — Ce village n'a d'autre importance que sa position entre Lang-Son et Chu, au débouché du col du Déo-Quao; il est bâti au fond d'une vallée, au bord de la rivière.

Pendant les trois jours que la colonne resta stationnaire, les coolies, les chevaux de l'artillerie furent envoyés à Chu par le col du Déo-Van, reconnu par les chasseurs d'Afrique: la distance de Chu fut évaluée à 40 kilomètres; ils rentraient le 10 avec un convoi de vivres et de munitions, franchissant cette distance en un jour.

La 1re brigade opérait une reconnaissance en avant sur la route de Lang-Son et constatait partout une fuite précipitée,

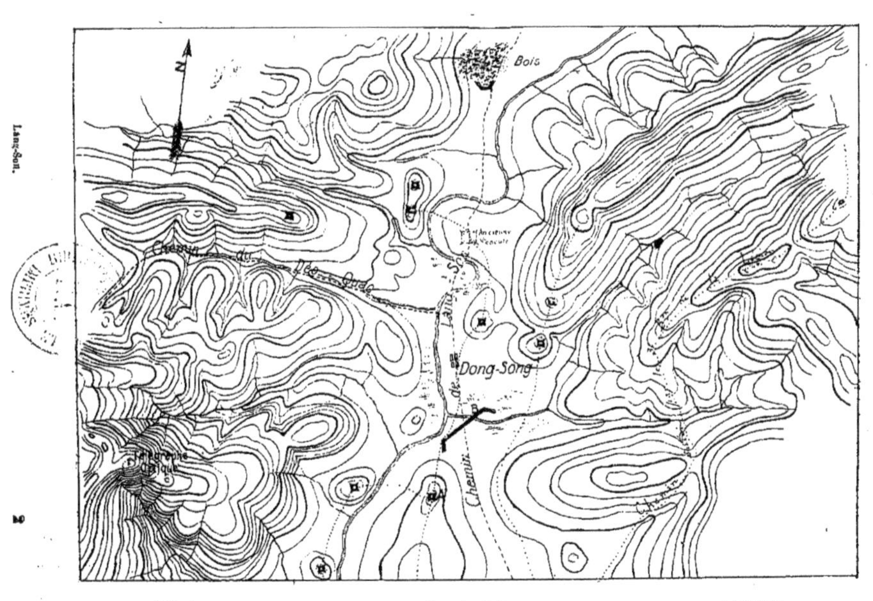

6 février. Croquis n° 3. 1/25,000.

mais ne rencontrait pas d'ennemis. La 2e brigade était employée à la destruction du matériel et des munitions abandonnés par l'ennemi, à des travaux sur la route pour préparer le passage de l'artillerie et enfin à des reconnaissances vers l'ouest où l'ennemi se trouvait encore. Un poste optique était établi sur un pic élevé (*croquis n° 3*), mais ne rendait pas les services attendus, étant presque tout le temps perdu dans les brouillards ; on l'abandonnait le 9.

Le 8, une reconnaissance de deux compagnies de mon bataillon constate que l'ennemi défend le col du Déo-Quao, elle prend le contact et refoule les Chinois sur les pentes ouest vers Than-Moï.

Là, de la crête dominant la vallée, où descend le Song-Thuong, vers Bac-Lé, on apercevait très bien de nombreux groupes remontant vers le nord, sur la route mandarine de Hanoï à Lang-Son ; nos feux ne peuvent les atteindre. Les pentes sont abruptes presque partout et boisées en général ; des fortins et des positions retranchées couvrent la sortie du col et nous envoient des feux rasants auxquels nous ripostons. La nuit arrive, nous bivouaquons en arrière de cette ligne couvrant le défilé vers notre colonne ; coups de feu toute la nuit.

Combat de Déo-Quao.

9 *février*. — Les deux compagnies reprennent, vers 8 heures, l'emplacement qu'elles avaient la veille, elles y sont accueillies par une fusillade nourrie ; les forts et les positions des pentes semblent mieux garnis, l'ennemi les a renforcés. Ce combat de mousqueterie dure quelques heures avec des différences d'intensité très grandes ; on sent que chaque parti est résolu à la défensive, ayant un rôle à remplir.

Cependant les Chinois prennent l'offensive, tout en laissant, pour nous tromper, leurs pavillons et quelques tireurs sur l'ancienne ligne de défense. Profitant d'un bois, un parti de 200 hommes environ s'avance sans être aperçu et débouche à 50 ou 60 mètres de la droite de notre ligne. Ils donnent l'assaut en poussant de grands cris. Ces cris, pas plus que la vue inattendue de l'ennemi, n'intimident nos légionnaires, qui exécutent des feux rapides et, mettant la baïonnette au canon, se précipitent sur l'assaillant.

Cette vigoureuse contre-attaque fait rebrousser chemin à ces intrépides qui disparaissent sous bois, abandonnant des cadavres sur le terrain. Ce choc était reçu par une section de la 4e compagnie, commandée par M. Blondin, sous-lieutenant, qui fut félicité de son sang-froid dans cette circonstance.

Les deux autres compagnies du bataillon arrivaient en renfort vers midi et demi; la journée se passa sans autre incident, la fusillade continuant par intermittence. Les Chinois voulaient s'opposer à notre passage dans la vallée où se trouvaient engagées toutes les fractions de leur armée venant des positions de Bac-Lé sur la route mandarine, battant en retraite sur Lang-Son. De notre côté, nous n'avions que le désir d'être tranquilles à Dong-Song pendant le ravitaillement, afin de continuer au plus tôt notre marche en avant, et il nous fallait empêcher les Chinois de franchir le Déo-Quao.

La journée nous valut 2 tués et 5 blessés.

10 *février*. — La marche en avant est reprise, la colonne laisse à Dong-Song, sous les ordres du commandant Jorna de Lacalle, des tirailleurs tonkinois, deux compagnies de tirailleurs tonkinois, une compagnie du 2e bataillon d'Afrique, une batterie d'artillerie de marine.

Ayant couché sur nos positions le 9, nous étions relevés le 10 par la compagnie du bataillon d'Afrique désignée pour rester à Dong-Song; nous n'arrivions à ce village qu'à 10 h. 1/2 pour y toucher nos vivres et repartir à 2 h. 1/2, car mon bataillon était désigné pour former l'arrière-garde.

La nuit arrive, nous bivouaquons dans une gorge, ayant à peine fait 10 kilomètres.

L'ennemi n'a pas été rencontré ce jour-là ; la colonne trouva échelonnés, tout le long du trajet, des fortins et des ouvrages en tous genres abandonnés précipitamment et qui attestaient l'énergie et le travail qu'avaient déployés les Chinois pour préparer la défense de cette région. On pourrait même croire, étant donnés les approvisionnements trouvés à Dong-Song et plus tard à Lang-Son, que c'était l'invasion du Delta que préparaient les Célestes.

Combat de Pho-Vy.

11 *février*. — La 2e brigade prend la tête de la colonne, remplaçant la 1re ; mon bataillon est désigné pour rester encore à l'arrière-garde à cause de son grand éloignement au moment du départ. Nous déplorons cette malechance, car on compte sur une rencontre. Nous ne quittâmes le bivouac qu'à 8 h. 1/2, lorsque tous les trains eurent pris place pour la marche; là, comme toujours, la file indienne seule était possible, ce qui allongeait considérablement la colonne.

Le chemin était des plus mauvais, suivant des croupes boisées, traversant des ruisseaux, remontant par des lacets, puis, traversant des passages complètement détrempés par la pluie, où l'on s'enfonçait jusqu'à mi-jambe.

La batterie Martin, de l'artillerie de marine, ne put suivre, malgré la bonne volonté de son personnel et les efforts déployés. Ses pièces étaient traînées et, quoiqu'un chemin étroit puisse suffire, il fallait néanmoins adoucir les rampes. La 2e compagnie de mon bataillon fut désignée pour la garder et l'aider dans son travail ; nous les laissâmes derrière nous.

Malgré toute la diligence employée par tous, nous n'arrivâmes au bivouac qu'à 10 h. 1/2, à 3 kilomètres environ de Pho-Vy, qui était occupé par nos troupes.

Voici ce qui s'était passé : « L'avant-garde, formée par le régiment Herbinger, occupa, vers 10 heures, le col du Déo-Vy, situé sur la ligne du partage des eaux, attendant que la colonne serrât sur sa tête; le brouillard couvrait encore le pays environnant. Celui-ci se dissipant, on put apercevoir au delà du plateau une chaîne de montagnes à laquelle se relie un terrain ondulé, puis un village au pied des hauteurs : c'était Pho-Vy.

« Le bataillon du 143e, qui marchait à la tête d'avant-garde, rencontre l'ennemi et se déploie ; les autres bataillons prolongent la ligne, l'artillerie prend position. Les Chinois occupent une succession de collines où flottent leurs pavillons; ils défendent les mamelons successivement. La canonnade de chaque position prépare l'attaque de l'infanterie, qui réussit chaque fois. Notre ligne dépassait le village qui n'était pas défendu ; mais l'ennemi semblait vouloir conserver tout près de nous des positions qui nous auraient inquiétés la nuit d'abord et le lendemain ensuite ; il fallait le déloger, et l'obscurité était proche. Le général de Négrier fit converger le feu des batteries sur ces positions qui furent attaquées par deux compagnies du 111e, une compagnie du 2e bataillon de la légion et des Tonkinois qui se trouvaient les plus rapprochés.

« L'ennemi céda enfin lorsqu'une section, commandée par le sous-lieutenant Normand, parvint à s'emparer d'un mamelon élevé qui commandait les autres positions.

« La journée nous coûtait 5 morts et 25 blessés ; nous trouvions à Pho-Vy une grande quantité de riz et de paddy (riz non décortiqué). »

Combat de Bac-Viey.

12 *février*. — Mon bataillon rallie la brigade à la pointe du jour. L'ordre est communiqué : Continuation de la marche en avant, la 1re brigade en tête ; le 3e bataillon de la légion reste à Pho-Vy, à la garde des convois et du parc ; les trains de bagages eux-mêmes ne pourront quitter ce lieu que sur un ordre écrit du général en chef. Nos grand'gardes occupent les mamelons qui dominent Pho-Vy ; celle que commandait l'adjudant Dale, de ma compagnie, est menacée par un poste chinois vers midi ; quelques feux de salve suffisent à l'éloigner.

L'avant-garde de la colonne avait quitté Pho-Vy vers 9 heures ; le brouillard couvrait encore toutes les hauteurs. Elle rencontrait l'ennemi à 4 ou 5 kilomètres, barrant la route, et entamait la lutte vers 11 heures.

Ce fut d'abord un tâtonnement, car le chemin passait dans la vallée, traversant un fond mamelonné, couvert de jungles, où l'ennemi occupait des positions fortifiées enfilant le passage.

Les tirailleurs du bataillon Comoy furent déployés et les premières positions enlevées ; mais arrivés à l'entrée d'un cirque dont les pentes étaient couvertes de retranchements, ils durent s'arrêter, continuant le combat de pied ferme, traîné en longueur. Le brouillard se dissipait enfin et le colonel Giovanninelli, qui s'était porté en avant pour se rendre compte des positions de l'ennemi, put juger la situation; le commandant Levrard, de l'artillerie de marine, qui l'accompagnait, fut frappé au front d'une balle qui le tua raide.

Les Chinois semblaient avoir concentré toutes leurs forces dans ce cirque et sur les pitons pour nous barrer la route de Lang-Son ; des forts couronnaient les principaux sommets ; de nombreux retranchements donnaient des feux étagés convergeant sur la route, passage unique; enfin, de nombreuses tentes sur les dernières hauteurs témoignaient de l'importance de leur effectif (*croquis n° 4*).

L'artillerie des deux brigades put enfin entrer en ligne; elle canonna les retranchements et les forts, mais ne put rien contre les premières lignes trop rapprochées des tirailleurs.

Ces lignes, prenant l'arrêt de nos troupes pour de la crainte, tentèrent d'envelopper notre gauche qu'elles attaquèrent violemment, débouchant à 30 ou 40 mètres.

Nos turcos mirent baïonnette au canon et purent enfin contenter leur furieuse impatience en se portant au pas de course sur les Chinois surpris de cette attaque. Le corps-à-corps dura peu, car l'ennemi tourna les talons, non sans avoir infligé des pertes sérieuses ; mais le mouvement en avant continua et nous nous emparâmes d'un mamelon qui commandait trois forts : ces forts furent évacués presque aussitôt, et l'ennemi disparut derrière la montagne.

Pendant cette action sur notre gauche, un bataillon d'infanterie de marine fut lancé sur la route pour aller s'emparer des deux forts qui commandaient le col. Les premières compagnies eurent surtout à essuyer un feu violent ; elles n'y répondirent pas et franchirent aussi vite que possible les cinq ou six cents mètres qui les séparaient du col.

Cette audace déconcerta l'ennemi, et les forts, commandant le défilé, furent enlevés sans grande résistance; les plus forts effectifs étaient en rase campagne et dans les retranchements du cirque.

Un second bataillon d'infanterie de marine suivit le premier ; ces forces s'installaient fortement au col et menaçaient les derrières des forts, pendant que ceux-ci étaient attaqués directement par les troupes de la 2e brigade et ce qui restait de la 1re.

12 février. Croquis n° 4. 1/50,000.

La résistance fut molle ; les grands camps étaient évacués lorsque notre infanterie y arriva. Les Chinois, qui avaient compté sur leurs redoutables retranchements, battirent en retraite, les voyant tournés par une grande partie de la colonne.

La journée était à nous, l'ennemi en déroute abandonnait ses tentes, son matériel ; les derniers coups de feu se tiraient vers 2 h. 1/2 ; à 3 heures, la 1re brigade entière était au col ; elle se portait en avant pour opérer la poursuite des fuyards et ne s'arrêtait qu'à la tombée de la nuit, à peu de distance de Lang-Son.

La 2e brigade bivouaque sur les positions et en avant du col, le convoi reste à Pho-Vy, gardé par mon bataillon ; c'est sur ce point que furent évacués la plupart des blessés.

Nos pertes étaient sérieuses, environ 230 tués ou blessés, dont 150 du bataillon de tirailleurs Comoy, 50 de l'infanterie de marine, 30 d'autres corps ; les artilleurs avaient été particulièrement éprouvés, les positions choisies par nos batteries se trouvant fortement rapprochées des retranchements.

Parmi les tués : le commandant Levrard, de l'artillerie de marine, enterré à Pho-Vy ; le sous-lieutenant Bossand, de l'infanterie de marine, officier d'ordonnance du général en chef, emporté à Lang-Son, où il fut inhumé le 14.

Parmi les blessés : le commandant Comoy, le capitaine Bigo, les lieutenants Peyro, Lamy, Bajolle, Kaddour-ben-Tahar ; les sous-lieutenants Roy et Péan, tous du bataillon des tirailleurs algériens Comoy ; enfin, le lieutenant Douchez, de l'artillerie de marine.

Prise de Lang-Son.

13 *février*. — Le mouvement en avant est repris dès le matin. Mon bataillon reste encore avec le convoi ; il laisse à Pho-Vy un peloton de la 1re compagnie pour assurer la garde de ce poste. Ce peloton ne nous rejoignit qu'au moment de la retraite sur Chu.

Nous arrivions à Lang-Son à 3 heures, sans incident, tous les trains devant nous, ne laissant en arrière que la batterie Martin et son soutien ; nous nous installions dans des cagnas de la citadelle.

Voici ce qui s'était passé : La 1re brigade, tenant la tête de la colonne, arriva à Lang-Son vers 8 h. 1/2, trouva la citadelle évacuée et planta aussitôt notre drapeau sur le mirador. Les Chinois avaient jugé, avec raison, que cette place n'était pas défendable, étant dominée à bonne portée. Ses approches étaient bien fortifiées sur la route mandarine, mais nous arrivions par le chemin de Pho-Vy et ses forts devenaient nuls.

Ils s'étaient contentés de boucher la porte nord de la citadelle et d'occuper le village de Ky-Lua au delà du Song-Ky-Kong, ainsi qu'une position retranchée sur des rochers où les pavillons flottaient (Camp des Rochers).

Quelques pièces d'artillerie furent placées sur le terre-plein des parapets avoisinant la porte du nord et envoyèrent de la mitraille sur le camp des Rochers et sur Ky-Lua, préparant l'attaque de l'infanterie. La porte nord débouchée donna passage aux deux bataillons de tirailleurs qui traversèrent le Song-Ky-Kong sur un pont de bambous que l'ennemi n'avait pas détruit, et se portèrent sur les positions chinoises déjà ébranlées par l'artillerie. Elles résistèrent peu, Ky-Lua fut occupé, puis dépassé ; lorsque les autres corps de la brigade eurent suivi les tirailleurs, la tête de la colonne se porta jusqu'à 2 ou 3 kilomètres au delà de ce village sur la route de Chine et s'y installa pour la nuit, n'ayant pas été inquiétée.

La promptitude de notre poursuite avait empêché l'ennemi de détruire ses approvisionnements, d'incendier les cagnas ; aussi nous trouvâmes un matériel considérable, des munitions, des armes, du riz, des effets d'uniforme, des étendards, des canons Krupp, des mitrailleuses n'ayant jamais servi, des obusiers du millésime 1884, neufs également, une batterie Vavasseur, de nombreuses pièces de canon plus anciennes, des torpilles, etc.

La 1re brigade cantonna à Ky-Lua, la 2e à Lang-Son avec le quartier général.

Un poste central était établi dès le soir, sous le commandement d'un officier ; il faisait fusiller tous les Chinois pris dans les environs.

14 *février*. — Repos absolu, le général fit paraître l'ordre suivant :

Officiers, sous-officiers et soldats,

Vous avez arboré le drapeau français sur Lang-Son. Une armée chinoise, dix fois plus nombreuse que vous, a dû repasser, complètement en déroute, la frontière, laissant entre vos mains ses armes et ses munitions.

Elle a été réduite à vous abandonner ou à disperser dans la montagne le matériel européen sur lequel elle avait tant compté pour s'opposer à votre marche.

Gloire à vous tous, qui, successivement, vous êtes mesurés avec elle dans les combats de Thaï-Hoa, de Ha-Hoa, de Dong-Song, du Dé-Quao, de Pho-Vy, de Bac-Viey, de Lang-Son, et l'avez chassée des positions formidables qu'elle occupait.

Honneur aux officiers chargés des convois de vivres et de munitions. Grâce à leur dévouement, à leur infatigable énergie, vous avez pu vivre, et vos progrès n'ont pas été retardés longtemps.

Lang-Son, le 13 février 1885.

BRIÈRE DE L'ISLE.

Du 15 *au* 22 *février*. — La batterie Martin et son escorte arrivent le 15, ainsi qu'un convoi de vivres.

La 1re brigade nous quitte le 16, pour se porter sur la rivière Claire, où la garnison de Tuyen-Quan, commandée par le commandant Dominé, se trouvait bloquée depuis plus d'un mois ; elle suivra la route mandarine jusqu'à Hanoï.

La 2e brigade reste à Lang-Son, face à l'ennemi, qui occupe la frontière et le village tonkinois de Dong-Dang, situé à 3 kilomètres de la porte de Chine ; celle-ci est placée exactement à la frontière sur la route de Lang-Son à Lang-Tchéou.

Description de Lang-Son. — Cette place comprend la citadelle et la ville proprement dite, on peut y rattacher le village de Ky-Lua, qui est sa sentinelle avancée vers la Chine.

1° La citadelle est rectangulaire, avec des côtés de 500 à 600 mètres, sur un terrain plat appuyant son saillant sud-ouest à un petit mamelon également fortifié et pouvant servir de réduit. Des pagodes sont construites sur ce mamelon boisé de pins parasols et dont les abords sont escarpés.

Les parapets ont une hauteur de 4m,50 et sont recouverts à l'extérieur par un mur en briques qui dépasse la banquette de 0m,70, ils sont percés au milieu de chaque face par une porte ;

toutes ces portes, sauf celle du nord, avaient été murées par les Chinois ; il n'y a pas de fossé.

Les portes communiquent par une grande artère partageant la citadelle en quatre parties.

Celles de l'est sont garnies de pagodes, de cagnas en bambou, ayant chacune un jardin potager, de magasins divers ; tout cela jeté au hasard, sans ordre, formant des labyrinthes ayant pour collecteurs les grandes artères et les remparts.

Les parties de l'ouest sont moins bâties. Celle du sud renferme l'arsenal et quelques autres bâtiments ; c'est là que nous trouvions la batterie neuve de Vavasseur, les krupp, les mortiers neufs, les torpilles, les munitions d'artillerie, etc.

Celle du nord contient, presque au centre de la citadelle, le grand mirador où flottent nos couleurs (c'est au pied de ce mirador que fut enterré le sous-lieutenant Bossand, officier d'ordonnance du général en chef, tué pendant le combat de Pho-Vy) ; quelques pagodes, des cagnas bordent la grande rue nord-sud ;

2° La ville proprement dite contient des maisons en brique, habitations et magasins des commerçants chinois, formant une rue qui prolonge la face est de la citadelle et descend au Song-Ki-Kong, et un boulevard (sans arbres) de la porte nord au saillant nord-est. Entre ces rues, des habitations annamites, en torchis et bambou comme dans la citadelle, deux ou trois pagodes et des jardins.

La rivière de Song-Ki-Kong, qui coule de l'est à l'ouest, se rapproche sensiblement du saillant nord-ouest ; un pont en bambous solides permet de la traverser vis-à-vis de la porte nord ; on y aboutit par un chemin en pente douce descendant de la rue principale de la ville ; ce cours d'eau n'est pas guéable auprès de Lang-Son ;

3° Ky-Lua est un centre commercial plus important que Lang-Son ; les maisons chinoises y sont plus nombreuses et l'on y trouve de jolies et grandes pagodes ; ses premières maisons ne sont pas à 800 mètres de la rivière. Un peu plus élevé que Lang-Son, il est adossé à une ligne de hauteurs, sur laquelle sont construits des forts et des retranchements commandant la route de Chine, qui débouche des montagnes à 2 kilomètres.

Au sud-ouest se trouve le grand camp des Rochers, au pied d'un contrefort montagneux, ayant près de 800 mètres de longueur et 300 à 400 mètres de largeur; les Chinois en avaient fait leur principal réduit.

Ce camp retranché, installé sur des rochers abrupts, défiait toute attaque du côté de Lang-Son et du côté de Ky-Lua; il contenait des fortifications de tout genre; des ouvrages crénelés en zig-zaz, des cimes couronnées, des chemins couverts, des grottes aménagées. On y trouva des cabanes récemment construites, pouvant abriter 4,000 hommes, des approvisionnements d'effets, d'armes et de munitions, enfin une quantité considérable de riz qui nous fut très précieux.

Le village de Ky-Lua fut occupé le 16, par le 2e bataillon de la légion et une batterie d'artillerie remplaçant la 1re brigade. Les avant-postes étaient placés en avant de ce poste sur la route de Chine, les forts de Ky-Lua occupés par des fractions de service et le camp des Rochers par le 23e.

Des reconnaissances rayonnent journellement autour de la place, surtout vers la frontière; des détachements sont envoyés aux travaux de route pour mettre en état la route mandarine; le reste des troupes est employé à la destruction des munitions, à l'aménagement des cantonnements et aux réparations des forts de Ky-Lua.

Enfin, une reconnaissance du 23e ayant reconnu les positions chinoises en avant de Dong-Dang, la marche sur ce point fut décidée par le général de Négrier afin de repousser l'ennemi au delà de la frontière.

Combat de Dong-Dang.

23 *février* (*croquis* n° 5). — La garde de Lang-Son était confiée au commandant Servière, qui avait sous ses ordres une compagnie du bataillon d'Afrique, une compagnie de tirailleurs tonkinois, une section de forteresse que chaque bataillon laissait et la batterie d'artillerie de marine Martin : 450 hommes environ.

La brigade se réunissait en formation de rassemblement sous les forts de Ky-Lua, vers 6 h. 1/2 du matin; une distribution de tafia se faisait, et la marche en avant commençait vers 7 heures.

Les hommes avaient 6 jours de vivres sur le sac; la colonne

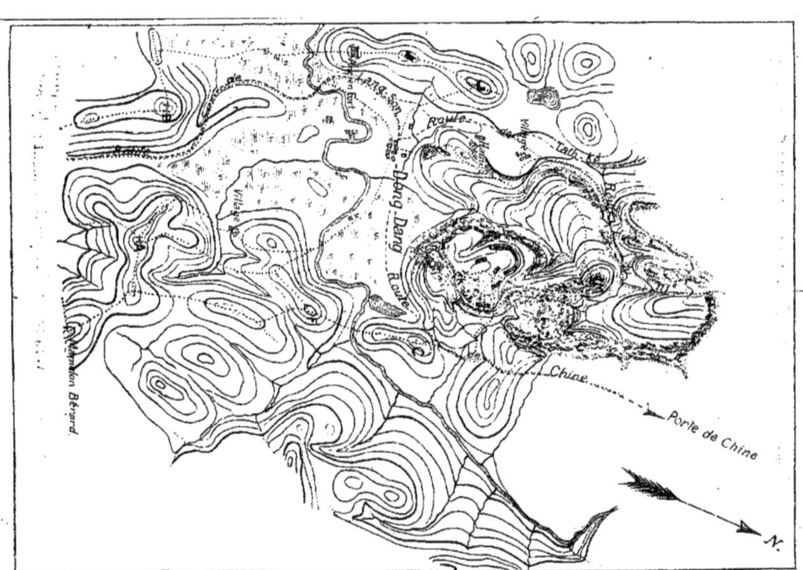

23 février. Croquis n° 5. **1/25,000.**

n'avait pas de convoi de vivres, les trains restaient sous les forts de Ky-Lua jusqu'à nouvel ordre.

Avant-garde : tirailleurs tonkinois, 1 section d'artillerie, le 2e bataillon de la légion étrangère (commandant Diguet).

Gros : 3e bataillon de la légion étrangère (commandant Schœffer), artillerie, enfin les 3 bataillons de ligne du régiment Herbinger.

Le contact est pris vers 9 h. 1/2. L'ennemi occupait une ligne de hauteurs à environ 2 kilomètres de Dong-Dang pour défendre les approches de ce village. Une partie de ces hauteurs commande très bien la route qui suit un défilé ; aussi l'abandonnait-on de bonne heure pour se déployer et former des colonnes d'attaque. Le canon se fait entendre, la mousqueterie augmente d'intensité ; les Chinois résistent, mais finissent par céder peu à peu.

La clé de cette première ligne de positions semble se trouver dans la possession d'un mamelon qui domine tous les autres, à l'est de la route (*voir croquis* n° 5, mamelon Bérard). Le général y lance la légion ; la compagnie Bérard y arrive la première, son capitaine reçoit une balle en pleine poitrine pendant l'assaut, qui est continué avec vigueur sous le commandement du lieutenant de Féraudy. Les Chinois n'attendent pas la baïonnette, le mamelon est à nous et avec lui une position excellente dominant le terrain environnant.

Notre ligne avance, aidée puissamment par les feux de salve de cette position, qui subit d'ailleurs deux contre-attaques et les repousse victorieusement.

L'artillerie finit par hisser, au prix d'efforts inouïs, quelques pièces sur le mamelon A (*voir croquis* n° 5) et sur le mamelon B. Ces deux positions ont vue sur les forts et les retranchements de Dong-Dang ; le général se tient auprès de l'artillerie du point B.

De même que notre droite, notre extrême gauche eut à repousser une vigoureuse attaque des Chinois, que le feu croisé de l'infanterie et de l'artillerie arrêta avant l'assaut, et, tandis que les assaillants de droite se retiraient sur la route de Chine, ceux de gauche gagnaient les positions du sud-ouest du village se prolongeant sur une colline vers le nord et parallèlement à la route de That-Ké.

Vers 1 heure, nos échelons couvraient les hauteurs dominant le village B. A. F. ; l'ancien fort sur le mamelon sud-ouest, qui avait été vivement canonné, était réduit au silence, mais la position nord était intacte, ses canons et sa mousqueterie nous arrêtaient.

Cette position, élevée d'une centaine de mètres au-dessus du village, occupait un plateau calcaire absolument inaccessible au sud, vers Dong-Dang, aussi impraticable à l'est sur la route de Chine où se trouvaient des ressauts à pic, des fourrés; seul, le côté ouest avait des pentes qui permettaient l'attaque, mais elles formaient un glacis très dangereux. Vers le nord, le massif calcaire se prolongeait en arêtes abruptes.

Le général décida d'attaquer ces retranchements par l'ouest; il y envoya le régiment Herbinger et ce qui restait du 3e bataillon de la légion. (Deux des compagnies de ce bataillon, avec le commandant Schœffer, s'étaient portées à notre extrême droite lorsque les Chinois l'avaient si vigoureusement attaquée, tentant de la tourner.)

Le mouvement commença par les 3 bataillons de ligne, puis par la 3e compagnie du bataillon de la légion, enfin par le peloton de la 1re compagnie.

Toute la colonne d'attaque dut passer sous le feu plongeant du massif K, depuis le débouché de la route dans les rizières jusqu'au village; ce trajet fut fait par section au pas gymnastique ou tout au moins très accéléré. Nous trouvions au village les tirailleurs tonkinois qui en avaient chassé les Chinois : ils s'abritaient des coups du massif derrière les maisons et se reposaient là, n'ayant plus de cartouches; une partie des cagnas flambaient, incendiées par l'ennemi.

A partir du village, nous nous élevions par un sentier abrité pendant 300 ou 400 mètres, marchant toujours à la file indienne. Ce sentier débouchait sur les pentes formant glacis, battues par les retranchements du plateau K, et nous trouvions là le 143e déployé, tiraillant contre un ennemi qui ne souffrait guère de ses coups; plus loin, à 500 mètres, le 23e groupé sur une pente, à l'abri du feu des Chinois, occupait une position d'attente; le lieutenant-colonel Herbinger s'y trouvait. Il nous ordonna de continuer notre marche pour rejoindre le 111e, qui occupait la gauche de la ligne, à 300 ou 400 mètres, formant un crochet offensif, cherchant à tourner la droite des positions chinoises. « Je ferai battre la charge pour donner l'assaut, dit-il à mon capitaine, dès que vous serez à hauteur du 111e, et il faudra enlever de vive force les retranchements des crêtes que l'ennemi ne veut pas abandonner. »

Ma compagnie dépassa le 111e, qui cessait le feu et gardait ses positions, se servant de rochers pour s'abriter, et se dirigea sur les crêtes, dont le feu, un instant très vif, semblait se ralentir. Les hommes étaient essoufflés par cette ascension qui durait depuis le village et avançaient difficilement; l'ordre de mettre sac à terre fut donné et l'élan fut repris. Les trois premières sections se portèrent sur les crêtes M, s'aidant des mains pour escalader des pentes très difficiles et s'en emparèrent; la 4e section, tournant la gauche de ces crêtes, s'installa au col que ne voulaient pas abandonner les Chinois. De ces positions dominantes, nos feux de salve poursuivirent l'ennemi en fuite, puis, prenant à revers les défenseurs des retranchements du plateau K, en déterminèrent l'abandon. L'ennemi battit en retraite de ces positions sur la route de Chine, libre encore; néanmoins nos feux le saluaient désagréablement chaque fois qu'il traversait un espace visible.

Le mouvement en avant se dessinait partout; les positions du plateau K étaient traversées par une partie du régiment Herbinger, à notre suite, pour atteindre la route de Chine; l'autre partie poursuivait l'ennemi qui avait suivi la route de That-Ké; un bataillon, celui du 111e, s'engageait sur un chemin se dirigeant sur la Chine, à la suite de fuyards; il s'arrêtait à la nuit et bivouaquait.

Ce bataillon rejoignait la brigade à Cua-Aï, le lendemain à la première heure; on donna plus tard, au chemin suivi, la dénomination de *Chemin du 111e*.

Sur la route de Chine, l'action était menée rondement, l'artillerie avançant de position en position, la couvrait de projectiles. La légion arrivait la première à la porte de Chine, traversait le village de Cua-Aï et prenait les avant-postes à 700 ou 800 mètres en avant. Les Chinois, comptant entièrement sur les redoutables positions de Dong-Dang, avaient négligé la défense de la porte de Chine; les redoutes n'avaient pas de défenseurs et la vigueur de la poursuite empêcha l'ennemi de les occuper. Il faisait nuit pendant l'installation des grand'gardes : une partie de la brigade seulement avait pu arriver à Cua-Aï.

Le général occupa la grande pagode; les troupes, le village.

Remarque à faire : l'artillerie ennemie, installée au plateau K, avait si bien réglé son tir contre la batterie Ropeyre, que celle-ci avait dû changer de position ; c'est la première fois que pareil fait s'était produit.

On trouvait à Cua-Aï une quantité considérable de munitions, un grand magasin de fusils neufs, un grand approvisionnement d'habillement, 5 krupp, 4 mitrailleuses, des torpilles, dont 2 chargées, une poudrière contenant une immense provision de poudre en barils et en jarres, enfin de grands magasins de riz, qui constituaient une fort belle réserve de vivres.

La journée nous coûtait 50 tués ou blessés dont 2 officiers : le sous-lieutenant Normand, blessé mortellement, et le capitaine Bérard, blessé très grièvement par une balle qui lui traversait la poitrine.

Cua-Aï et la Porte de Chine. — Le village de Cua-Aï est situé en Chine, à cheval sur la route mandarine, au pied du col que ferme la porte de Chine ; celle-ci est réunie au village par quelques constructions et des pagodes bâties dans l'intervalle. Le nom de Porte de Chine a été donné au point où la route du Tonkin traverse la frontière dans le col de Cua-Aï. Ce point est occupé par une pagode établie sur un massif de maçonnerie formant un tunnel de 8 à 10 mètres de longueur, dans lequel s'engage la route. Ce massif est relié par un mur crénelé aux hauteurs de droite et de gauche, que deux fortins couronnent. Ces fortins commandent la route des deux côtés du col, mais à une distance relativement faible, vu la portée des armes actuelles; les Chinois les avaient précédés de fortifications établies sur des mamelons à 500 ou 600 mètres de la route de Dong-Dang.

Aucun incident à signaler le 24, pendant le séjour de la brigade à Cua-Aï ; une reconnaissance de la légion s'avance jusqu'à 2 kilomètres environ et ne rencontre pas d'ennemis. La journée est employée à détruire, en les brûlant, le matériel et les approvisionnements que nous ne voulons pas utiliser. Les sacs restent faits, les faisceaux formés, les troupes prêtes à prendre les armes. Les trains arrivent vers 4 heures du soir avec les bagages des officiers et les cantines à vivres ; ils n'avaient pas rejoint depuis le départ.

A 5 heures du soir, l'ordre fait connaître que la brigade rétrogradera sur Lang-Son le lendemain. Les grand'gardes sont relevées, nous rentrons au village pour y cantonner.

Nous apprenons là que les coolies ont été employés tout le jour pour transporter du riz et des rouleaux de fil télégraphique de Cua-Aï à Dong-Dang ; que le général a décidé de faire sauter la porte de Chine et d'incendier Cua-Aï, afin que les Chinois ne puissent se servir des approvisionnements et du matériel que nous n'avions pu détruire ou emporter.

Destruction de la Porte de Chine.

25 *février*. — La brigade rétrograde, comme il a été dit, sur Dong-Dang, où elle prendra les cantonnements d'alerte ; les dernières fractions quittent Cua-Aï vers 10 heures, y laissant la 3e compagnie du 3e bataillon de la légion (la mienne), un détachement d'artillerie avec des officiers. Ces divers éléments doivent être employés par le commandant de Douvres, de l'artillerie, pour compléter le travail préparatoire de destruction commencé dès le matin. Un peloton de tirailleurs tonkinois occupe les mamelons en arrière, en Chine, se montrant bien ; ils ont pour mission de veiller de ce côté et de rejoindre vivement lorsque le signal sera donné.

Des fourneaux de mine sont faits dans toutes les pagodes, on les bourre de poudre ; les magasins à riz sont minés de même ; le tunnel est rempli de barils de poudre, de torpilles, de fusils, on le bourre complètement et on mure les extrémités. Des traînées de poudre sont établies pour conduire aux fourneaux de mine. Inutile de dire quelles précautions étaient prises pour éviter une catastrophe : les bâtons ferrés avaient été portés en dehors de la frontière pour éviter toute étincelle qui aurait pu se produire par leur contact sur la pierre ; les fumeurs étaient en pénitence.

La quantité de poudre à détruire était considérable ; 100 hommes de ma compagnie, faisant la chaîne, ont été employés pendant cinq heures pour la sortir de la poudrière et la placer aux endroits indiqués par le directeur des travaux.

A 2 heures, les traînées étaient prêtes à recevoir la poudre ;

les Tonkinois passaient, ayant reçu l'ordre d'abandonner leur poste d'observation; nous quittions nous-même la porte de Chine un quart d'heure plus tard, laissant là un sous-officier d'artillerie chargé de mettre le feu.

A 2 h. 1/2, une immense détonation retentit, la porte de Chine vient de sauter et avec elle les pagodes avoisinantes; enfin le village de Cua-Aï était en feu.

Des écriteaux, portant en caractères chinois l'inscription suivante : « Le respect des traités protège plus sûrement un pays que les portes aux frontières », avaient été placés en avant des grand'gardes, dès le matin, sur la route et les chemins, afin de bien caractériser notre action qui était la suite de la non-exécution du traité de Tien-Tsin et les représailles de Bac-Lé.

A partir de ce moment, l'occupation de Dong-Dang s'imposait pour surveiller le passage de Cua-Aï et empêcher l'ennemi de s'installer à nouveau dans ce village.

Le 26 février, pendant qu'une partie de la brigade faisait séjour et qu'un convoi de coolies portait à Lang-Son du matériel pris à Cua-Aï, mon bataillon opérait une reconnaissance sur la route de That-Ké. Nous fîmes environ 9 kilomètres, traversant quatre fois un très gros ruisseau à peine guéable. Nous passâmes dans un village abandonné par ses habitants; nous ne rencontrâmes pas âme qui vive.

Le 27 février, la brigade rentrait à Lang-Son, laissant à Dong-Dang le 2e bataillon de la légion et une section d'artillerie.

Du 1er au 5 mars, mon bataillon est employé aux travaux de la route mandarine vers le Delta. D'autres corps séparent les chemins et rues de Lang-Son et Ky-Lua, mettent le cantonnement en meilleur état, envoient des travailleurs pour mettre au point les fortifications de Ky-Lua, faisant face à la route de Dong-Dang ; enfin, un service de reconnaissance est fait chaque jour. Le service des convois fonctionne depuis notre arrivée à Lang-Son ; petits chevaux et coolies continuent à gravir les pentes de la région montagneuse; les premiers subissent de grandes pertes, n'étant pas habitués à ce service, les seconds seuls tiennent bon. Cependant, leur nombre est insuffisant, et chaque convoi ne nous porte que cinq jours de vivres lorsqu'il en met six pour faire le trajet aller et retour de Lang-Son à Dong-Dang. En conséquence, et comme il fallait autant que possible constituer un approvisionnement de réserve, on eut recours à des expédients, et la ration de vivres substitués fut créée. Cette ration permettait d'utiliser la viande de buffle et le riz du pays.

La difficulté du ravitaillement avait fait supprimer les deux rations journalières de vin distribuées dans le Delta, et le biscuit avait remplacé le pain.

Ces conditions désavantageuses au point de vue de l'hygiène pour des troupes constamment en mouvement et en éveil, avec un service d'avant-postes assez pénible, furent aggravées par les rations substituées.

La ration de vivres substitués a été perçue d'abord un jour sur trois, puis un jour sur deux, et se composait des denrées ci-après :

280 grammes de viande fraîche, bœuf ou buffle ;
800 grammes de riz ;
12 centilitres de tafia ;
Thé sans sucre ;
Sucre et café, sel (ration ordinaire).

Mon bataillon est désigné pour aller relever à Dong-Dang le 2e bataillon du régiment ; nous partions le 6 mars, emportant six jours de vivres ordinaires qui, combinés avec les six jours de riz que nous devions trouver sur place, en paddy, nous alignaient à douze jours. Nos coolies devaient être employés à décortiquer le riz, travail très long qui les occupait tout le jour.

Reconnaissance de That-Ké par la cavalerie. — Le 7 mars, 24 chasseurs d'Afrique, sous les ordres du capitaine Gachet, quittaient Dong-Dang à la pointe du jour pour aller reconnaître That-Ké, que les Chinois avaient abandonné.

Une reconnaissance, composée de trois compagnies et de la réserve d'artillerie, quitte Dong-Dang, suit le chemin du 111e (*croquis no* 5), allant tirer quelques coups de canon sur les positions chinoises de Bang-Bô, que l'on connaissait en partie par la vigie du poste dominant le massif calcaire. Il fallait faire une diversion afin d'éviter au raid des chasseurs d'Afrique toute chance possible d'être inquiété. Cette reconnaissance rentre le soir, ayant accompli sa mission sans incident, mais ayant perdu un tambour, celui de la 2e compagnie. Pendant ce temps, la

3e compagnie, restée à Dong-Dang, prenait position aux grand'-gardes habituelles et au village. Le 2e bataillon partait pour Lang-Son à 11 h. 1/2.

Le lendemain, la 3e compagnie est envoyée en reconnaissance à Dong-Lam, sur la route de That-Ké, au-devant de la cavalerie. Ce village, que les Chinois avaient abandonné, est situé à 18 kilomètres environ de Dong-Dang sur la route, au bord de la rivière descendant de la Porte de Chine et presque à son confluent avec le Song-Ki-Kong. Ce fleuve, que la route traverse à environ 2 kilomètres de Dong-Lam, est reconnu par nous ; ses abords sont libres, pas d'ennemis.

Un gué permet de franchir le fleuve, très large à cet endroit, avec 0m,60 d'eau en temps ordinaire.

Vers 1 heure, pendant le repos de la compagnie, nous apercevons, débouchant du fleuve, un cavalier et un piéton ; c'était un chasseur d'Afrique porteur d'une dépêche pour le général et..... le tambour de la 2e, disparu la veille.

Ce tambour, parti avec sa compagnie pour la reconnaissance, était retourné au cantonnement pour y prendre un objet oublié au départ, espérant rattraper le détachement qui n'avait pas encore fait un kilomètre à ce moment. Puis, au retour, ne connaissant pas le chemin du 111e, il continua son chemin sur la route de That-Ké, persuadé qu'il était dans les traces de la colonne : il suivait celles des chasseurs passés là de très bonne heure. Ce malheureux, embarrassé de sa caisse, faillit se noyer en passant le Song-Ki-Kong et finit par rattraper la cavalerie, le soir, ayant fait un grand nombre de kilomètres. Entre temps, il avait rencontré deux Annamites qui l'avaient aidé à porter sac et caisse ; aussi arrivait-il le lendemain dans d'assez bonnes conditions, mais ayant les dents longues.

Le déjeuner que nous pûmes lui offrir fut le bienvenu ; il jura qu'il ne s'aventurerait plus ainsi à la légère et qu'il n'oublierait plus rien au cantonnement. Nous rentrions à Dong-Dang vers 6 heures.

Le lendemain, 9 mars, les chasseurs d'Afrique arrivent exténués, ayant accompli entièrement leur mission. That-Ké n'était pas complètement abandonné des Chinois : quelques réguliers gardaient la citadelle. Ceux-ci, prévenus de l'arrivée des Français, ne cherchèrent pas à défendre la ville, croyant d'ailleurs que la brigade entière était là derrière les cavaliers d'avant-garde. Il n'y eut pas de combat.

Les habitants de That-Ké firent un très bon accueil à nos chasseurs, témoignant leur désir de nous voir fixés parmi eux pour les protéger contre les Chinois. Ils paraissent plus vigoureux et plus intelligents que les Annamites du Delta; ils sont bien plus proprement vêtus, et la ville elle-même est d'une grande propreté.

Séjour à Dong-Dang. — Jusqu'au 16 mars, ce séjour se passa sans incident marquant. Les trois grand'gardes étaient relevées chaque jour; on construisait des abris sur ces points, on fortifiait quelques passages; enfin, une reconnaissance, chaque jour, explorait les environs jusqu'à la frontière.

Le 16 mars, commandant la grand'garde établie à proximité de la route de Chine, je rendais compte au commandant des faits suivants : « Une centaine de Chinois environ sont venus occuper militairement la Porte de Chine; une ligne de sentinelles était en avant de la porte; on distinguait celles qui veillaient sur les fortins. Des hommes de corvée, sans armes, travaillaient, fouillant les débris et emportant des fardeaux. Vers 4 heures, l'ennemi quittait Cua-Aï; on n'apercevait plus un être vivant ».

La surveillance de la Porte de Chine et de ses abords incombait à cette grand'garde qui envoyait tout le jour des patrouilles volantes, commandées par un sous-officier, parcourir une zone déterminée, ayant des vues sur tous les points de la route et sur le col de Cua-Aï. Une de ces patrouilles m'avertissait que les Chinois étaient à Cua-Aï; je lui donnai l'ordre de rester postée, de bien observer et de me communiquer au fur et à mesure s'il se produisait des faits anormaux. Elle ne rentrait qu'à la nuit, me donnant les renseignements dont je rendais compte immédiatement.

L'ennemi construisant des forts sur son territoire, il paraissait naturel qu'il se hasardât jusqu'à Cua-Aï pour y prendre des matériaux ; cela prouvait néanmoins qu'il s'enhardissait, puisqu'on ne l'avait pas encore vu avant ce jour.

17 *mars*. — *Reconnaissance de la brigade en avant de la Porte de Chine.* — Le lendemain, le général de Négrier, craignant une attaque contre Dong-Dang, laissa à Lang-Son la même garnison que le 23 février et se porta sur Cua-Aï.

Les Chinois étaient revenus à leurs postes de la veille ; ils ne résistèrent pas à l'avant-garde, quelques coups de fusil seulement furent échangés. La brigade occupa la frontière toute la soirée, son avant-garde s'avançant en Chine ; l'ennemi ne venant pas l'attaquer, elle rentrait à Dong-Dang à la nuit.

Le lendemain 18 mars, la brigade rentrait à Lang-Son, laissant à Dong-Dang deux bataillons : celui du 111e et celui du 23e, sous le commandement du lieutenant-colonel Herbinger ; nous étions donc relevés.

Mon bataillon est cantonné à Ky-Lua ; les travaux de route sont repris, les aménagements des cantonnements, les reconnaissances, etc. Les fours de campagne avaient été faits pendant notre absence ; aussi touche-t-on une ration de pain tous les trois jours, une vraie fête qui aurait été complète si les distributions de vin avaient pu se faire.

Les habitants étaient revenus en partie ; le marché qu'ils avaient essayé de faire revivre permettait quelques petits achats d'œufs, de volailles et de viande de porc : il était bien insuffisant.

Attaque de Dong-Dang par les Chinois.

L'ennemi qui nous avait vu le 17 mars arrêtés à la Porte de Chine, en face des premiers forts de son camp retranché de Bang-Bô, sans pousser notre reconnaissance, avait peut-être cru à de la crainte; d'un autre côté, ses travaux de fortification lui donnant confiance, il pouvait désirer la lutte à Bang-Bô.

Soit qu'il voulût nous attirer sur son terrain, soit qu'il crût pouvoir nous enlever Dong-Dang, il décida une attaque sur ce point.

Dans la nuit du 21 au 22, l'ennemi traversa nos lignes d'avant-postes en se dissimulant et parvint à attaquer directement le village de Dong-Dang ; les premiers coups de feu furent tirés à 2 h. 1/2. Cette attaque fut repoussée, nous eûmes 2 blessés. Puis, débouchant en colonnes serrées au commencement du jour, par la Porte de Chine, les Chinois vinrent attaquer la grand' garde, établie sur un mamelon commandant la route. Cette attaque, mollement menée, échoua comme celle du village, et l'ennemi repassa la frontière.

A Lang-Son, la fusillade fut entendue par les sentinelles de la grand'garde de Ky-Lua, fournie ce jour-là par ma compagnie. Le général, informé, envoya aussitôt des cavaliers pour avoir des nouvelles et se porta lui-même au fort où se trouvait la grand' garde.

Des ordres furent donnés pour un départ imminent ; le 2e bataillon de la légion, qui travaillait sur la route mandarine, à 17 kilomètres, fut rappelé d'urgence, et les troupes devant rester prirent leurs nouveaux postes. Le commandant Servière demeurait commandant des troupes de Lang-Son ; il était chargé de la défense comme pour les précédentes sorties, ayant à peu près le même personnel sous ses ordres (500 hommes environ).

Combat de Bang-Bô (23 et 24 mars 1885).

1re *journée* (23 *mars*). — La brigade, réunie sous les forts de Ky-Lua, commençait son mouvement vers 3 heures; elle bivouaquait le soir dans les rizières et sur les pentes, en avant de Dong-Dang, afin que les forts chinois, qui distinguaient très bien la plaine du village, ne pussent signaler sa présence.

La nuit se passa sans incident ; les Chinois qui avaient tenté dans la journée une troisième attaque, par la route de That-Ké, ne parurent point.

Le général de Négrier résolut d'attaquer les positions chinoises afin d'éloigner les forces ennemies de la frontière ; il avait à sa disposition les troupes ci-après :

2 bataillons de la légion étrangère ;
1 bataillon du 23e de ligne ;
1 bataillon du 111e de ligne ;
1 bataillon du 143e de ligne ;
2 compagnies de tirailleurs tonkinois ;
2 batteries d'artillerie.

En tout 2,200 hommes environ. Les bataillons d'infanterie de ligne, n'ayant pas plus de 75 hommes par compagnie, comptaient donc 300 hommes ; le 2e bataillon de la légion n'avait que

350 hommes. Seul le 3e bataillon de ce dernier régiment avait un effectif de 500 hommes, n'ayant pas encore supporté les grands déchets dus au climat.

Chaque corps avait vu diminuer ses combattants en laissant à Lang-Son ses malingres qui formaient une section de forteresse.

L'ordre suivant nous est communiqué au réveil :

L'ennemi, qui a tenté hier plusieurs attaques contre Dong-Dang, n'a pas reparu. Néanmoins, ses points d'appui sont très rapprochés de ce poste. La brigade se propose d'enlever le centre de ses positions, puis de se rabattre sur l'une ou l'autre de ses ailes pour la disperser.

Vers dix heures, les hommes ayant pris un repas, la marche en avant commençait ; la garde de Dong-Dang était confiée à deux compagnies du 23e, avec une section d'artillerie. Les deux autres compagnies du 23e étaient envoyées dans le massif calcaire, à proximité de la frontière, pour parer à toute attaque par l'ouest.

Mon bataillon détacha une compagnie, la 2e (capitaine Lascombes), pour occuper un col, à l'est et surveiller les attaques de ce côté; le reste devait demeurer à la Porte de Chine, comme réserve de la colonne d'attaque.

Nos premiers efforts devaient tendre à enlever les deux forts aperçus le 17 ; ils dominaient l'horizon vers le Nord (*Voir le croquis n*o 6, forts M et N)[1].

Les tirailleurs tonkinois et les deux bataillons du régiment Herbinger (111e et 143e) étaient chargés de cette attaque ; l'artillerie ayant pris position, canonnait vigoureusement. Les forts ripostaient avec violence, notre infanterie s'avançait lentement, trouvant un terrain coupé, très difficile; enfin, le 143e et les Tonkinois s'emparaient de quelques défenses avancées, en S, et s'abritaient là, fatigués, pendant que l'artillerie qui venait de parvenir jusqu'au mamelon O, couvrait d'obus le fort M.

Le 2e bataillon de la légion, suivant le fond de la vallée, puis

---

1 Ce croquis, comme les autres en général, ne montre que la configuration du terrain vu par l'auteur ou dont il a pu se rendre compte. L'absence de courbes vers les camps chinois ne marque donc pas un plateau ; le pays est, au contraire, très accidenté et coupé ; l'emplacement de ces camps est approximatif.

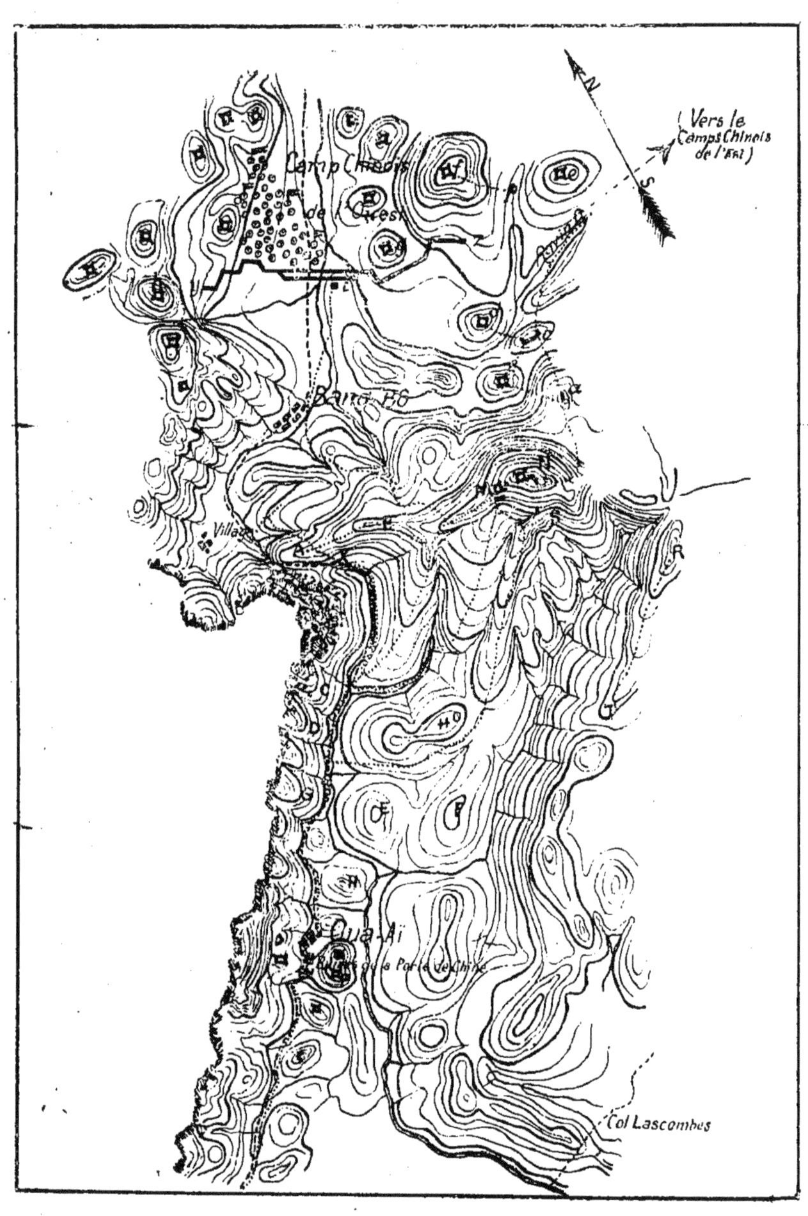

23-24 mars. **Croquis n° 6.** **1/50,000.**

les revers d'une croupe, put s'avancer assez près de l'ouvrage M, sans être inquiété, les efforts de l'ennemi étant tournés vers l'autre attaque (*voir croquis n° 6*); il se démasqua brusquement et monta à l'assaut des parapets, malgré une vive fusillade. L'ennemi ne put résister à cette attaque furieuse, son feu rapide, qui sembla plus vif encore au dernier moment, ralentit à peine l'élan de nos braves légionnaires, qui s'emparèrent du fortin qu'ils commençaient à déborder.

La position était prise, nos feux de salve accompagnaient à peine les fuyards, qu'un terrain couvert et coupé favorisait.

Pendant ce temps-là, toutes les pièces d'artillerie dirigeaient leur feu sur le fort N, qu'elles couvraient d'obus ; cette canonnade et l'apparition de la légion qui grimpait les pentes, venant de l'ouvrage M, décidèrent son évacuation. L'ennemi ne s'y résolut qu'au dernier instant cependant ; il recula le moment de l'occupation et favorisa la retraite du gros de ses défenseurs en établissant, sur les crêtes avoisinant l'ouvrage vers notre attaque, des lignes de tirailleurs, dont les feux rapides nous firent peu de mal.

Ce fort et ses abords furent occupés par nos légionnaires ; le général et l'artillerie suivirent de près ces premières troupes.

Les crêtes, les forts ne restaient pas inactifs, nos feux de salve poursuivant les fuyards dès que le terrain le permettait. La poursuite commença après l'arrivée au fort N du bataillon du 143e, qui prit la tête, suivi par la légion. Elle eut pour objectif un fort et un ouvrage, que l'on distinguait vers le nord à 1 kilomètre environ ; ces positions, que l'ennemi abandonna sans combat, furent occupées par le 143e.

La nuit arrivait, les troupes de la brigade bivouaquaient dans les forts et sur les hauteurs, des corvées armées allaient à l'eau dans la vallée et au ravitaillement de munitions. Ce ravitaillement coûta encore des efforts très pénibles pour des troupes ayant combattu tout le jour, le convoi de l'artillerie étant resté à la Porte de Chine, par suite de la fausse interprétation d'un ordre. Le 143e surtout et la légion, qui étaient les plus avancés, souffrirent de cet éloignement ; ils eurent peu de repos.

Pendant la poursuite opérée par le 143e et la légion, de nombreux groupes chinois venant de l'est, menacèrent notre flanc droit, dépassant la ligne des forts M et N, bannières déployées, se dirigeant vers la Porte de Chine et le col Lascombes. (*Voir croquis n° 6*). Une partie venait couvrir les crêtes T R, situées au sud-est des forts et exécutait des feux rapides sur les nouveaux occupants, séparés de ceux-ci par un grand ravin escarpé ; pendant que ce fort rideau combattait, le gros de ces groupes ennemis remontait vers le col Lascombes et venait se buter aux feux de salve de cette compagnie et à ceux du reste du bataillon, couvrant les mamelons de la Porte de Chine. Ayant constaté que ces passages étaient gardés, ils battaient en retraite vers le camp de l'est, le mouvement tournant avait échoué. Cette journée nous coûtait 5 tués et 28 blessés ; ces derniers étaient transportés à Dong-Dang où était installée l'ambulance.

Nous étions maîtres des ouvrages dominant Dong-Dang et la brigade se trouvait en face du camp retranché de Bang-Bô.

2e *journée* (*24 mars*). — Le camp retranché de Bang-Bô (bien visible du fort N) est situé au nord et à environ 2 kilomètres de ce village. Ses défenses sont formées de nombreux forts, fortins et ouvrages couronnant des mamelons, se flanquant parfaitement ; un grand retranchement à crémaillère complète cet ensemble, barrant entièrement la vallée que suit la route de Lang-Tchéou. (*Voir croquis n° 6*.)

Ces nombreux ouvrages ont été construits depuis le combat de Dong-Dang, ils viennent encore fortifier cette opinion que les Chinois sont de fameux terrassiers, car ils n'ont eu qu'un mois pour accomplir cette tâche, et démontrent que notre ennemi est habile et actif dans l'art de se terrer et qu'il a un faible très prononcé pour le parapet qui lui donne confiance.

Le commandant Schœffer (3e bataillon de la légion), qui commandait la réserve, recevait du général, à 11 heures, à la Porte de Chine, où nous restions jusqu'à nouvel ordre, la communication suivante :

Le brouillard empêche le combat ; l'attaque se prononcera aussitôt que possible ; des renforts sont arrivés à Lang-Son pour les divers bataillons, vous les recevrez dans la journée, conservez-les en réserve à la Porte de Chine.

Vers midi et quart, le lieutenant Berge, officier d'ordonnance du général, portait l'ordre au commandant de la réserve d'envoyer une de ses compagnies à l'extrême gauche de la ligne, sur un emplacement que devait indiquer son officier d'ordonnance. Ma compagnie, la 3e, fut désignée et partit immédiatement, accélérant la marche, car il y avait urgence. Au même moment les renforts annoncés arrivaient à la Porte de Chine, et le général fut prévenu sans retard.

Enfin, à 1 heure, le général faisait porter la dernière compagnie du bataillon (4e compagnie, Gaucheron) pour appuyer la 3e, ne laissant en réserve générale que les renforts nouvellement arrivés. Notre bataillon était à ce moment dispersé comme il suit :

1re *compagnie*, capitaine Michel (1 peloton), soutien d'artillerie; (l'autre peloton à Pho-Vy).
2e *compagnie*, capitaine Lascombes, au col Lascombes, à l'est de la Porte de Chine.
3e *compagnie*, capitaine Brunet, } à l'extrême gauche de la ligne
4e *compagnie*, capitaine Gaucheron, } formée par la brigade.

Le chef de bataillon et l'adjudant-major, avec les renforts, en réserve à la Porte de Chine.

Action particulière des 3e et 4e compagnies du 3e bataillon de la légion. — La 3e compagnie, conduite par le lieutenant Berge, arrivait à la hauteur de la ligne de crêtes A B (*croquis n° 6*); son capitaine, mis au courant de la situation, devait choisir un emplacement favorable à la défense et interdire le passage à tout prix aux troupes chinoises qui se portaient en nombre pour tourner notre gauche.

Nous trouvions une partie de la ligne A B occupée par la 4e compagnie du 2e bataillon de la légion aux prises avec l'ennemi; toute la compagnie était en tirailleurs donnant le maximum d'efforts ; nous étions attendus. Le lieutenant Durillon, qui commandait cette compagnie dont il était l'unique officier, venait d'être grièvement blessé; on l'emportait.

Cette situation était critique pour cette compagnie, aussi le capitaine Brunet assigna-t-il immédiatement un de ses propres officiers pour en prendre le commandement. Ce fut le lieutenant Romani, qui rejoignait à ce moment même, étant arrivé à la colonne avec les renforts attendus.

La croupe occupée était boisée surtout vers la gauche de la position, dominant la route, que nous avions mission d'inter-

Croquis n° 7. — Combat de Bang-Bô.

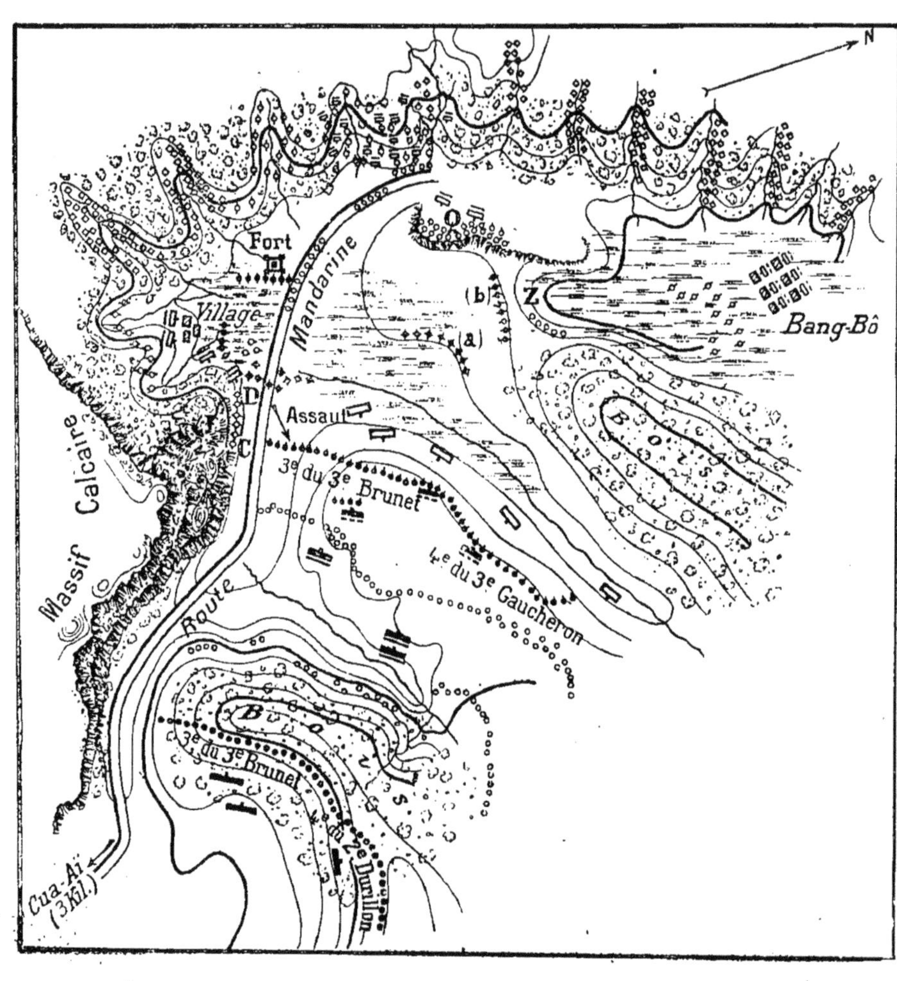

75 50 25 0 100 200 300 400 mètres

Légende

	1er Moment	2e Moment	3e Moment
	1 heure	2 h. à 4 h. ½	4 h. ¾
Français	■ . ●	■ . ♦	■ . ♦ . ♦
Chinois	□ . ○	□ . ◊	□ . ◊ . ◊

dire à l'ennemi. On ne pouvait occuper une position si désavantageuse, recevant des coups sans pouvoir les rendre, car la vue était très limitée; il fallait sortir de là, c'est ce que décida mon capitaine. (*Voir le croquis n° 7, 1er moment.*)

Une reconnaissance forte d'une section, commandée par le lieutenant Michelez, eut pour mission de découvrir une bonne position sur notre droite; elle n'aboutissait qu'à un résultat négatif et rentrait ayant subi du retard, s'étant perdue dans des fourrés inextricables; elle nous trouvait sur l'emplacement du 2e moment.

D'un autre côté, ayant reconnu que l'ennemi occupait un plateau découvert, mais dominant les rizières et permettant une bonne défense, le capitaine sans attendre le retour de la reconnaissance, commandait en avant, et la compagnie déployée dégringolait le ravin sans tirer, à travers bois, trouvant quelques escarpements difficiles, mais ne subissant pas de pertes. La ligne se reformait dans le Thallweg et attaquait les Chinois qui, surpris de nous voir si près, reculèrent et finalement nous cédèrent le plateau.

La compagnie Gaucheron arrivait à ce moment et se plaçait à la droite de la ligne (*voir le croquis n° 7*); il était 2 heures.

A partir de cette heure, notre ligne dut tenir tête aux Chinois qui occupaient d'excellents abris : 1° embusqués dans les rizières, derrière les talus de ces rizières et de la route; 2° dans un fortin situé au bord du chemin; 3° enfin, placés derrière de grands rochers formant un excellent abri (Q); le tout à très faible distance; des pavillons étaient à moins de 150 mètres de notre ligne.

Cette défensive était excessivement énervante et devait durer deux grandes heures pendant lesquelles nous perdions beaucoup de monde. Les Chinois descendaient de tous les ravins en face de notre ligne; les pavillons, très nombreux, s'agitaient, semblant nous menacer. Nous avions devant nous toutes les troupes destinées à nous tourner pour couper la retraite de la brigade, mais elles devaient nous passer sur le corps et ce n'était pas facile.

L'offensive nous était interdite ayant notre rôle bien limité; puis, aucune position en avant ne valait la nôtre, et un coup de boutoir pour chasser les Chinois des rizières nous aurait vu, revenir en arrière après avoir subi de nouvelles pertes. L'ennemi nous obligea cependant à ce mouvement, ainsi que nous le verrons tout à l'heure, et il nous coûta peu grâce aux circonstances.

Vers 4 heures, les crêtes du massif calcaire dominant notre gauche s'allumèrent sur une ligne C D nous prenant en flanc et même à revers. Nous répondîmes à cette attaque imprévue, car les rochers semblaient inaccessibles, en formant un crochet défensif. Un mouvement en avant s'accentua dès lors du côté de l'ennemi, on vit les pavillons s'agiter plus fort encore sur les mamelons et les lignes s'avancer, une partie directement, l'autre appuyant sur la droite de cette ligne pour gagner le fortin et le village.

Vers 4 h. 1/2, alors que le crochet défensif venait de dégarnir la gauche de notre ligne, les Chinois débouchant de l'extrémité des rochers calcaires, près du point D (*croquis n° 7*), se précipitent à l'assaut de notre position, pavillons déployés, n'ayant pas 50 mètres à franchir. Ils sont environ 200, coude à coude, sur plusieurs rangs, hurlant et vociférant. Les lignes descendant des mamelons sont déjà dans la rizière, tous les tirailleurs abrités se lèvent et suivent le mouvement, c'est une attaque furieuse.

Dans nos rangs, on entendit : « Baïonnette au canon, les Chinois montent à l'assaut » ; puis, presque aussitôt : « En avant, hourrah ! »

Ces deux derniers cris sont répétés par la ligne entière, qui se précipite sur l'ennemi, la baïonnette haute, dégringolant les talus de rizières. La panique se met dans les rangs chinois, qui ne peuvent résister à l'élan impétueux de nos légionnaires, la déroute est générale, mais tous n'échappent pas à la baïonnette, il en reste une trentaine sur le terrain ; parmi ceux-ci se trouvaient en grande partie les hardis tirailleurs qui avaient couronné le massif calcaire ; ils n'avaient pu fuir assez tôt.

Le feu, interrompu pendant la contre-attaque, reprend contre les fuyards, qui essuyent de grosses pertes. L'ordre est remis dans la ligne, qui se partage ainsi : à gauche, l'adjudant Dale, vers le village ; au centre, le lieutenant Michelez, près du fort ; la droite, sous mon commandement, face aux rochers Q ; un soutien formé avec les hommes de la 4e compagnie, sous les ordres du lieutenant Sonier, est à cheval sur la route. (*Croquis n° 7*[1], *3e moment.*)

Une quinzaine de tirailleurs ennemis occupaient une position au point Z entre le bois et les rochers et tiraillaient sur notre flanc et même à revers; il fallait les déloger pour que les feux de salve de la poursuite puissent se continuer avec fruit.

Je me chargeai de cette besogne, emmenant une dizaine d'hommes résolus ; ils résistèrent à notre feu et ne déguerpirent qu'au moment de l'assaut, lorsque la baïonnette apparut.

Prenant leur emplacement, notre ligne exécuta de bons feux de salve sur des groupes nombreux, distants de 400 mètres environ, dont une partie s'abritaient derrière les maisons du village de Bang-Bô, négligeant les tirailleurs qui nous avaient cédé leur place, que l'on apercevait fuyant dans les rizières. A ce moment, je recevais un renfort inattendu : deux caporaux et un homme conduits par le lieutenant Blondin, de la 4e compagnie. Cet officier, avec une partie de la droite, était resté sur la ligne de défense au moment de la contre-attaque pour parer à toute éventualité de ce côté; il arrivait, ayant suivi la lisière du bois, emmenant ce qu'il avait sous la main, persuadé que quelques fusils devenaient un vrai renfort, étant donné notre petit effectif. (*Voir le croquis n° 7, 3e moment.*)

Le capitaine Brunet qui, par son ancienneté, commandait les deux compagnies, s'était porté sur notre ancien emplacement, qu'il avait fait occuper par notre réserve et suivait les péripéties de la lutte; il ordonna la retraite pour reporter la première ligne sur ses anciennes positions, les seules bonnes pour un combat défensif. Au reste, l'ennemi revenu de sa surprise s'était reformé sur les pentes et ripostait; un retour pouvait nous surprendre dans les rizières, il fallait l'éviter, car il nous eût été fatal, vu notre faiblesse numérique. Chaque fraction laissa un léger rideau exécutant des feux rapides et battit en retraite, jusque sur l'ancienne ligne sans se retourner une fois, ne pouvant tirer à cause de ses propres tirailleurs et du retard préjudiciable que cet arrêt aurait porté au mouvement. Nos réserves

---

[1] « Sur le croquis, on ne trouve la droite qu'à la position « a » ayant marché vers Z, faisant des feux, et enfin à « b », lorsqu'elle a délogé les Chinois. »

qui tiraient par-dessus nos têtes arrêtaient l'élan de l'ennemi, qui dessinait nettement un retour offensif; les tirailleurs formant rideau rentraient au pas gymnastique.

Dans cette contre-attaque, qui causa de si grosses pertes aux Chinois, les nôtres furent insignifiantes : un tué et un blessé, tous deux sous-officiers.

Elle nous avait fait gagner une demi-heure, temps précieux, et avait intimidé un ennemi devenu trop entreprenant.

Le capitaine Brunet attendait que tout son monde fût rentré pour commencer la retraite, se préparant à quitter cette position et à rétrograder par échelons sur la Porte de Chine. Il venait de recevoir du général les instructions à ce sujet, la brigade entière était refoulée et obligée de quitter ses positions de la veille. Nous n'avions personne à notre droite, nous étions absolument isolés, il fallait regagner la Porte de Chine où devait s'établir la brigade.

Il venait de m'apprendre ces tristes nouvelles, lorsqu'il reçut une balle au ventre. « J'ai mon affaire », prononça-t-il, et il s'affaissa; il était mort! Je le reçus dans mes bras pour le poser à terre et le fis emporter à l'ambulance. Là, grâce au dévouement de son ordonnance, qui sut se servir de son cheval, le corps fut transporté à Dong-Dang, puis à Lang-Son.

Je prévenais immédiatement le capitaine Gaucheron, qui devenait le chef de notre détachement et lui donnais tous les renseignements que je venais d'apprendre. Il ordonna la retraite par échelons; ma compagnie prenait la tête, la 4e suivait; enfin, un détachement de 200 hommes, qui venait de nous être envoyé par la réserve générale pour protéger notre mouvement, tiendrait sur notre position pendant l'écoulement des deux compagnies et romprait par échelons ensuite.

La retraite put s'effectuer par la route même, c'était très heureux, car il eût été très difficile de gravir le bois par lequel nous étions descendus et nous aurions perdu un temps précieux, risquant d'être coupés; l'ennemi répondant à notre ligne ne s'occupait pas du défilé où nous aurions subi de grosses pertes, le traversant à rangs serrés pour dégager le passage au plus vite.

En arrivant à l'extrémité de ce défilé vers le point X (*voir croquis* 6), nous vîmes les pavillons chinois occupant les positions

MN, toutes les crêtes étaient en feu ; les lignes chinoises avançaient en S, nous pouvions être coupés.

Notre infanterie défendait le terrain pied à pied, prenant position successivement sur les mamelons qui jalonnaient la ligne de retraite. L'artillerie était muette, réussissant à grand'peine à descendre sur la route pour gagner la Porte de Chine, elle aurait été bien compromise sans notre ténacité à l'extrême gauche, car nous trouvions ses pièces à quelques pas devant nous, à 400 mètres du défilé, avançant difficilement dans ce chemin bourbeux qu'elle venait de rejoindre.

A partir du mamelon C qui fut occupé par une trentaine d'hommes, les fractions se portèrent à mesure sur les hauteurs suivantes formant des lignes de feu, d'où les feux de salve étaient dirigés sur les Chinois qui avançaient toujours.

Ces lignes devaient naturellement rester en place jusqu'au passage de l'extrême arrière-garde, qu'elles remplaçaient ensuite ; enfin quelques points plus importants, plus forts, furent conservés plus longuement pour permettre l'écoulement de la brigade ; celle-ci rétrogradait sur Dong-Dang, les corps se reformant à la Porte de Chine.

Vers 5 h. 3/4, un peu avant la nuit, mon bataillon, désigné avec les renforts arrivés dans la journée pour rester à la Porte de Chine, occupait les positions suivantes : ma compagnie et le peloton de la 1re, aux forts de l'ouest, tous les renforts et le commandant Schæffer aux forts de l'est, la 4e compagnie en colonne à la Porte de Chine sur le glacis sud. La compagnie Lascombes toujours au col de l'est.

Une compagnie du 23e venue de Dong-Dang occupait une position sur les rochers du massif calcaire à notre gauche ; une autre fraction était placée au fortin P en arrière sur la route mandarine.

Les Chinois qui espéraient bien occuper Cua-Aï, continuaient leur mouvement de poursuite ; nous entendîmes vers 6 heures une grande clameur, l'ennemi montait à l'assaut du mamelon H que ses défenseurs avaient abandonné depuis plus d'un quart d'heure ; c'était un coup d'épée dans l'eau.

Malgré l'obscurité, car la nuit était venue, les têtes de colonnes chinoises avançaient toujours, des coups de feu partant de la route étaient dirigés contre les fortins et marquaient ainsi leurs progrès ; elles arrivèrent de cette façon jusqu'au village.

Les forts de l'est et le fortin occupé par le lieutenant d'Attel ripostèrent à cette fusillade ; notre fort seul resta muet. Le silence de ma compagnie avait deux motifs : 1° le peloton de la 1re compagnie occupait un fortin plus avancé et tirait ; 2° la répartition des cartouches entre les hommes avait fait ressortir qu'il n'y avait plus que six cartouches par homme, il fallait les ménager.

Le fortin occupé par le lieutenant d'Attel fut évacué, car ses défenseurs pouvaient être facilement tournés, ils vinrent nous renforcer.

Le général, qui était resté à la Porte de Chine, fut informé de la pénurie de cartouches de ma compagnie et en fit porter une caisse qui nous arriva vers 8 heures ; elles furent immédiatement distribuées.

Les Chinois ne tentèrent pas l'assaut des parapets quoique les forts ne répondissent plus à leur tiraillerie ; leurs derniers coups de feu étaient tirés vers 9 heures à des distances de plus en plus grandes indiquant qu'ils rétrogradaient.

Vers minuit la compagnie du 23e descendait des escarpements, rasait notre fort pour gagner la route de Dong-Dang ; les troupes des forts de l'est, celles de la Porte de Chine suivirent, nous descendions les derniers formant l'arrière-garde ; nous abandonnions les positions de Cua-Aï pour rejoindre la brigade à Dong-Dang, le plus grand silence était recommandé.

Au col Lascombes. — La compagnie Lascombes de son côté, avait arrêté l'ennemi qui cherchait à enlever le passage qu'elle gardait et se maintenait sur ses positions, elle était rappelée et rentrait à Dong-Dang au point du jour.

Attaque des positions de Bang-Bô ; Échec et retraite[1].

Dans quelles conditions la retraite de la brigade s'était-elle

---

[1] Voir le croquis n° 6.

imposée ? Quelles étaient les péripéties par lesquelles les autres corps avaient passé ? En voici l'écho, aussi exact que possible, recueilli auprès des camarades épargnés par le feu.

C'est à la bonne volonté de tous que l'auteur doit aussi la possibilité d'avoir pu rétablir assez fidèlement le terrain au nord et à l'est de Bang-Bô, où se déroulait l'action principale ; ces réserves faites, il commence :

Le lieutenant-colonel Herbinger avait pour mission d'enlever et d'occuper avec le 143e le fort *f* dominant le camp chinois et dont la position nous assurerait une supériorité énorme ; mais, comme il a été dit plus haut, le brouillard et surtout le ravin *o* avait fait avorter deux tentatives opérées avant 10 heures du matin ; ses points d'appui étaient en *b* et *c* et le terrain avoisinant où se tenait notre première ligne qui y avait passé la nuit. (143e. — Deux compagnies de la légion ; — deux compagnies de Tonkinois).

Vers 10 h. 1/2 et pendant que le passage du ravin était encore recherché par une nouvelle reconnaissance, le brouillard disparaissait enfin ; le général pouvait voir du fort *n* toutes les positions chinoises recouvertes de drapeaux flottant au vent. Seul le fort *f*, qui se découvrait le dernier, étant plus élevé, n'en avait pas ; il était probablement occupé par le lieutenant-colonel qui l'avait trouvé évacué comme en d'autres circonstances, à Dong-Song, par exemple.

La fusillade éclatait du fort *d* et des positions en avant du grand retranchement *yz*, le général jugea que ce feu était dirigé sur les réserves des troupes du lieutenant-colonel dont le mouvement devait avoir réussi puisque *c* et *f* étaient muets et ce qui le confirmait encore dans cette croyance, c'était la vue de troupes françaises en file indienne remontant les pentes *pf* venant de l'est (c'étaient des Chinois, le brouillard non complètement dissipé permettait cette erreur).

Il décida alors l'attaque directe du grand parapet par le 111e, ne gardant auprès de lui, en réserve, que les deux dernières compagnies de la légion et l'artillerie.

Une section d'artillerie fut envoyée sur les positions *a*, à 600 mètres environ du fortin *d*, pour battre ce fortin dont les feux étaient par trop gênants et assurer ainsi son occupation par les troupes restant de la colonne Herbinger, probablement la légion

Les pièces étaient à peine en batterie qu'elles durent quitter cet emplacement absolument intenable sous le feu d'enfer de l'ennemi posté à bonne portée ; cette retraite fut saluée par des hourrahs que notre première ligne qui les entendit devait bientôt payer en monnaie de plomb.

Nous ne pouvions rester inactifs en face du fort *d* et, puisque les recherches pour traverser le ravin *o*, afin de s'emparer du fort *f*, n'avaient pu encore aboutir, le lieutenant-colonel Herbinger se décida à faire attaquer le fort *d* par deux compagnies du 143e ayant une compagnie de la légion comme appui. Cette attaque, qui eut lieu de deux côtés, réussit complètement ; la compagnie Gayon entra la première dans l'ouvrage, à l'assaut ; les Chinois ne l'abandonnèrent qu'à ce moment ; elle perdait son lieutenant M. Thiébault, à 10 mètres des parapets, frappé d'une balle au cœur.

Les Chinois, devant notre succès, continuaient leur feu avec plus d'intensité encore ; ils avaient fait occuper le fort *f*, ayant deviné par nos tentatives de passage du ravin *o*, notre intention de nous emparer de cette position. Le 143e s'établissait au fort *d* et occupait les abords, répondant à l'ennemi.

Pendant ce temps l'attaque du 111e contre le grand parapet, échouait, ces retranchements se trouvant soutenus par d'excellentes positions en arrière, au lieu d'être pris à revers comme l'espérait notre chef par l'occupation du mamelon *f*. Les Chinois, alors convaincus de la résistance de leurs retranchements, envoyaient de fortes réserves tourner notre aile droite au delà du fameux ravin *o*, pendant que de nombreux pavillons suivant les crêtes de l'ouest prenaient la direction de notre gauche au-delà de Bang-Bô.

Devant ces résultats, pour éviter de plus grandes pertes et peut-être un désastre, si l'ennemi réussissait à couper notre ligne de retraite, le général décida de faire rétrograder sa première ligne sur les positions MN où l'artillerie se trouvait encore, et ordonna la retraite sur cette ligne.

Deux des compagnies, occupant les abords du mamelon *d* obéirent à cet ordre dès qu'elles entendirent la sonnerie ; la compagnie Gayon, de ce même bataillon, qui n'avait pas entendu cette sonnerie, se trouva isolée et presque aussitôt menacée d'être cernée par de nombreux ennemis devenus entreprenants. La compagnie Cotter, de la légion, qui conservait la position *c* répondant aux Chinois sur la droite de *d*, vola au secours de la compagnie Gayon, qu'elle parvint à dégager, non sans peine; son chef fut tué lorsqu'elle atteignait son but; le lieutenant Ronget en prenait le commandement.

Le capitaine Cotter, d'origine irlandaise, était un des vaillants de la légion qui s'était fait, en toutes circonstances, remarquer par sa vigueur et son entrain; on dut abandonner son corps sur le terrain ainsi que ceux des tués et blessés de ce malheureux moment.

Ces deux compagnies réussirent, en réunissant leurs efforts, à retarder un peu la marche des Chinois qui opéraient une véritable poursuite; pendant ce temps, les Tonkinois, qui, en cette occasion, furent précieux, opéraient le transport des blessés, tâche pour laquelle les coolies étaient devenus insuffisants depuis longtemps à cause du grand nombre d'hommes atteints et de l'éloignement de l'ambulance.

La compagnie de Féraudy, de la légion, seconda cette retraite en tirant par dessus la tête de notre ligne pendant qu'elle se retirait, ayant descendu les pentes du mamelon *d*; cette compagnie occupait le fortin *b* qu'elle conserva aussi longtemps que le permit sa propre sécurité, laissant s'écouler toutes nos fractions; elle devint, par suite, extrême arrière-garde de la droite de la brigade.

Les deux dernières compagnies de la légion (2e bataillon), restées sur les positions M N, auprès de l'artillerie et du général, étaient envoyées alors: la compagnie Bolgert à droite, pour arrêter autant que possible le mouvement tournant; la compagnie Durillon à gauche pour le même motif. Cette dernière occupait la ligne A B lorsque ma compagnie arrivait pour la remplacer, comme il a été dit plus haut.

Nous venons de voir ce qu'avaient fait les fractions commandées par le lieutenant-colonel Herbinger et les compagnies que le général avaient conservées auprès de l'artillerie sur les positions M N; il nous reste à suivre le bataillon du 111e, envoyé à l'attaque du grand retranchement au moment où le général pensait que l'occupation du fort *f* était à peu près assurée. Ce bataillon descendait des positions M, passait à proximité de Bang-Bô et se déployait dans la vallée face aux retranchements *y*, *z*, ayant traversé un terrain difficile et boisé ; la marche avait été soigneusement dissimulée, afin de surprendre l'ennemi occupé sur sa gauche et un peu dans sa propre ligne (*fort f*).

L'artillerie canonnait vigoureusement le fort *g* et le retranchement pour appuyer cette attaque.

L'ennemi, blotti dans les casemates, ne bougeait pas, laissant avancer le bataillon ; on aurait pu croire ces retranchements sans défenseurs. Le feu de l'artillerie dut s'arrêter lorsque le 111e n'était plus qu'à peu de distance ; à ce moment la compagnie Verdier, qui marchait en tête du bataillon, se dirigeait sur un petit ouvrage *i* situé un peu en avant des parapets.

La trompette chinoise retentit alors et toute la ligne s'alluma. La compagnie Verdier n'était qu'à une centaine de mètres de l'ouvrage *i*. En outre du feu de face, l'ennemi débouchait du parapet par l'ouest et venait attaquer notre flanc gauche. Notre marche fut arrêtée un instant, à ce moment, pour riposter et la compagnie Verdier mettait sac à terre afin de pouvoir plus facilement escalader les retranchements que l'on touchait presque. Pendant cet arrêt, les Chinois franchissaient les parapets, attaquant notre ligne sur son front ; une fusillade très vive répondit à ce moment et les obligea à reprendre leurs positions de défense ; la compagnie Verdier pénétrait dans l'ouvrage *i* d'un seul bond et l'occupait.

A ce moment le bataillon était bien visible dans la vallée, ses unités presque toutes déployées, et l'ennemi pouvait constater son faible effectif ; aussi franchissait-il à nouveau les parapets et venait-il envelopper la compagnie Verdier tout en attaquant aussi le front du bataillon. Le capitaine Verdier, sortant de l'ouvrage, attaqua avec vigueur quelques groupes ennemis qu'il fit reculer ; il voulait escalader les parapets à leur suite. A ce moment son sous-lieutenant, M. Normand, qui était en avant, tomba frappé d'une balle au cou ; de nombreux hommes tombaient également, la compagnie était à peu près entourée ; cette situation lui fit changer d'avis, car c'était courir à la perte entière de ses hommes. Il fit reculer sa compagnie par petits bonds, emportant le cadavre de son sous-lieutenant qui fut transporté en arrière, à environ 250 mètres.

Les autres compagnies du bataillon, tour à tour, furent écrasées de front et de flanc par un ennemi dont le nombre et la hardiesse grandissaient à vue d'œil. Le bataillon rétrograda sur les croupes boisées en avant de Bang-Bô et put se reconstituer en partie pour opérer une retraite par échelons; il regagnait les positions M, toujours suivi par les Chinois.

Nous perdions beaucoup d'hommes dans cette malheureuse attaque, et la vigueur de la poursuite fut telle que nous abandonnions nos morts et même quelques blessés. Parmi les tués : le capitaine Mailhat, le lieutenant Canin et le médecin-major Raynaud. On dut au dévouement de deux hommes de conserver la vie au lieutenant de Colomb [1], tombé le pied fracassé par une balle.

Enfin, le bataillon du 111e, ayant rejoint les hauteurs M, le 143e et la légion étant arrivés à hauteur de l'artillerie, celle-ci tira ses derniers obus et descendit le plus rapidement possible les pentes de sa position pour regagner la Porte de Chine ; la retraite s'effectua ensuite comme il a été dit plus haut, ne cédant le terrain que pied à pied.

Nos pertes étaient sensibles dans cette journée : 79 tués, dont 7 officiers et 196 blessés dont 6 officiers ; soit pour les deux jours le 1/6 de l'effectif environ. Celles des Chinois étaient bien supérieures, notre feu ayant fortement éprouvé les groupes compacts qui se ruaient sur nos lignes.

L'effectif des troupes chinoises du camp retranché de Bang-Bô a été évalué à 7,000 hommes environ ; on n'a aucun moyen d'évaluation pour celles de Xen-Cua-Aï, camp de l'Est, qui, le 23 et le 24, à la fin du jour, vinrent prêter leur concours à celles de Bang-Bô ; mais on peut dire que les têtes de colonne aperçues avaient un effectif de 3,000 à 4,000 hommes.

OFFICIERS TUÉS.

Capitaine Mailhat, du 111e.
Médecin-major Raynaud, du 111e.
Lieutenant Canin, du 111e.
Sous-lieutenant Normand, du 111e,
Capitaine Cotter, du 2e bataillon de la Légion.
Capitaine Brunet, du 3e bataillon de la Légion.
Lieutenant Thiébault, du 143e.

---

[1] Cet officier, fils du général commandant le 15e corps, était tout jeune, plein d'ardeur, et pouvait espérer un brillant avenir ; il supporta plus tard l'amputation à l'ambulance d'Haïphong et finalement fut retraité comme capitaine pour blessures.

OFFICIERS BLESSÉS.

Commandant TONNOT, des Tonkinois.
Lieutenant MANGIN, du 143e (amputé à Lang-Son, mort le même jour).
Sous-lieutenant BRUNEAU, du 143e.
Sous-lieutenant DE COLOMB, du 111e.
Lieutenant DURILLON, du 2e bataillon de la Légion.
Sous-lieutenant COMIGNON, du 2e bataillon de la Légion.

Abandon de Dong-Dang, retour à Lang-Son.

Le 25 mars, tous les combattants de Bang-Bô étaient réunis à Dong-Dang; la compagnie Lascombes, du 3e bataillon de la légion, rentrait la dernière, à la pointe du jour, venant de quitter le col qu'elle avait occupé pendant quarante-huit heures ; les trains, les blessés avaient été envoyés à Lang-Son sous l'escorte des Tonkinois.

L'ennemi ne se montre pas, la poursuite était suspendue ; mais il pouvait décider de nous couper de Lang-Son et chercher à s'emparer de cette place en passant par le chemin de Xen-Cua-Aï, à l'est; il fallait aviser. L'ordre nous apprit de bonne heure que les bataillons des 111e, 143e et 23e partiraient dans la journée; l'artillerie, la légion et les Tonkinois restaient à Dong-Dang avec le général.

Le 2e bataillon de la légion ayant incorporé dans ses compagnies les renforts arrivés la veille, pendant le combat, fut désigné pour prendre position aux grand'gardes habituelles que l'on doublait comme effectif; l'occupation du mamelon Bérard, point très important par ses vues, fut ajoutée au service des avant-postes.

Vers 5 heures, les coolies et le personnel de l'ambulance étaient de retour de Lang-Son, n'ayant pris aucun repos.

Les patrouilles de la cavalerie, envoyées vers la frontière, au nord et à l'ouest, ne signalèrent aucun mouvement de l'ennemi ; seule celle de l'est reçut quelques coups de feu, au col Lascombes, d'un ennemi embusqué. Le général décida que Dong-Dang serait abandonné le soir et que toutes les troupes retourneraient à Lang-Son.

Le mouvement ne commença qu'à la nuit, de façon que les postes chinois des positions M N ne pussent le voir ; les grand' gardes allumèrent de petits feux sur leur emplacement et descendirent une à une prendre place dans la colonne. Chemin faisant, nous trouvions le bataillon du 23e en position sur la route pour garder certains passages ; ce bataillon prenait la queue de la colonne, devenant notre arrière-garde ; toute la brigade était à Lang-Son à 1 heure du matin.

Les Chinois arrivent devant Lang-Son.

La brigade reprend ses anciens cantonnements ; mon bataillon reste à Ki-Lua ; deux grand'gardes, fortes d'une compagnie, gardent la route de Dong-Dang et le chemin de Xen-Cua-Aï, couvrant à environ 600 mètres le nord des forts de Ki-Lua.

Le 26 mars, nous rendions les derniers honneurs à mon capitaine, le seul des tués de Bang-Bô rapporté à Lang-Son. Le général de Négrier prononça quelques paroles avec une émotion bien naturelle, pour dire adieu au brave officier qu'il avait apprécié lorsqu'il commandait la légion, pendant la longue campagne du Sud Oranais ; il trouvait déjà longue la liste des disparus de ce beau régiment, et réclamait pour lui une mort semblable à celle du capitaine Brunet. La fin de son improvisation fit allusion à l'échec de Bang-Bô et à l'espoir de le réparer à Lang-Son même, en attendant de retourner en Chine y faire de la bonne besogne.

Les reconnaissances de la cavalerie n'apprennent rien d'important ce jour-là ; on se préparait à la lutte, car, selon toute probabilité, l'ennemi attaquerait Lang-Son ou chercherait à tourner la place pour couper notre ligne de retraite, nous privant de ravitaillement.

Des renforts, qui venaient d'arriver à Lang-Son pour les bataillons d'infanterie et pour le bataillon d'Afrique, furent incorporés immédiatement : 600 pour les bataillons d'infanterie et 600 pour le bataillon d'Afrique. Le 2e bataillon d'Afrique eut, à partir de ce moment, trois compagnies à 250 hommes, il n'avait auparavant qu'une seule compagnie, les autres étaient échelonnées sur la ligne, vers la base d'opérations.

Un soldat de mon bataillon, nommé Meyer, rejoint sa compagnie à 3 heures, venant de Dong-Dang, où il était resté endormi dans une maison isolée, lorsque la colonne partait ; il n'avait pas vu les Chinois. Ce fait indique que les Chinois n'avaient pas soupçonné notre départ et qu'ils n'avaient pas cherché à attaquer Dong-Dang, ni la nuit, ni dans la matinée du 26 ; il prouve aussi combien était grande déjà la lassitude de nos hommes, car Meyer ne s'éveillait que vers 10 heures du matin.

Le 27, les reconnaissances signalent l'approche des Chinois ; la brigade se rassemble sur les glacis des forts de Ki-Lua. Les grand'gardes seules échangent quelques coups de fusil avec l'avant-garde ennemie, qui se retire vers 4 heures du soir.

Les troupes rentraient vers 5 heures ; les mesures habituelles pour alléger le sac étaient prises : demi-couvertures et pantalons de drap déposés à l'administration ; on touchait six jours de vivres pour être prêts à partir au premier signal ; la moitié de chaque compagnie, à Ki-Lua, était de piquet conservant le fourniment.

Une compagnie du bataillon d'Afrique était envoyée sur la route mandarine à Than-Moï, point important, afin d'en empêcher l'occupation par l'ennemi et protéger nos convois.

On craignait surtout de grandes bandes chinoises qui semblaient séparées du gros des troupes depuis les affaires de février et opéraient à une certaine distance de Dong-Son, Than-Moï et Lang-Son, se montrant parfois au passage des convois qu'elles trouvèrent toujours bien gardés.

Enfin, pendant la nuit, la batterie Martin, de l'artillerie de marine, quittait le fort de Ki-Lua qu'elle gardait depuis la prise de Lang-Son, pour aller occuper la rive gauche du Song-Ki-Kong.

A la pointe du jour, le 28, les 3e et 4e compagnies du 3e bataillon de la légion relevaient les grand'gardes ; la mienne occupait la grand'garde de droite, sur la route de Xen-Cua-Aï ; la nuit avait été tranquille.

Combat de Ki-Lua (28 mars 1885).

L'ennemi débouche sur les deux routes à la fois et attaque nos grand'gardes vers 6 h. 3/4. Celles-ci résistent, l'ennemi grossit et persiste ; nos lignes de défense des grand'gardes sont occupées par celles ci et leurs feux de salve portent admirablement dans des masses vues par intermittence, à 400 mètres environ.

Le général de Négrier, jugeant la situation du fort de Ki-Lua, nous envoya l'ordre suivant :

La droite se repliera peu à peu vers la gauche, cédant ainsi du terrain et encouragera l'ennemi à s'avancer par ce chemin qui nous offre plus de vues ; la gauche battra en retraite par échelons passant par les rizières inondées pour aboutir à la gauche des redoutes et ne pas gêner leur tir ; la compagnie de droite exécutera le même mouvement, à son heure, lorsqu'elle aura remplacé celle de gauche.

Ce mouvement fut exécuté de point en point, et les résultats attendus se produisirent ; les hauteurs environnant la plaine de Ki-Lua, vers le nord, se couvrirent de pavillons serrés ; notre dernière compagnie arrivait en arrière des redoutes ayant rempli sa mission. (*Voir le croquis n*° 8.)

Les Chinois débouchèrent dans la plaine presque simultanément, du nord et de l'est, ces derniers menaçant de tourner notre position par sa droite, les autres se portant directement sur cette position et vers le camp des Rochers, en passant à notre gauche.

Voici quels étaient, à ce moment, l'emplacement des troupes de la défense. Une des deux compagnies du 2e bataillon d'Afrique défendait les redoutes de Ki-Lua et le camp des Rochers, l'autre assurait la défense de la citadelle avec les pièces de la batterie Martin et les impotents de tous les corps.

Le 3e bataillon de la légion occupait la position A B, ayant une réserve.

Le 2e bataillon de la légion occupait le nord de Ki-Lua, à l'abri des vues, et faisait plus tard un crochet défensif sur notre droite, face à l'est.

Les trois bataillons de ligne (111e, 143e et 23e) en réserve

Croquis n° 8. — Combat de Ki-Lua.

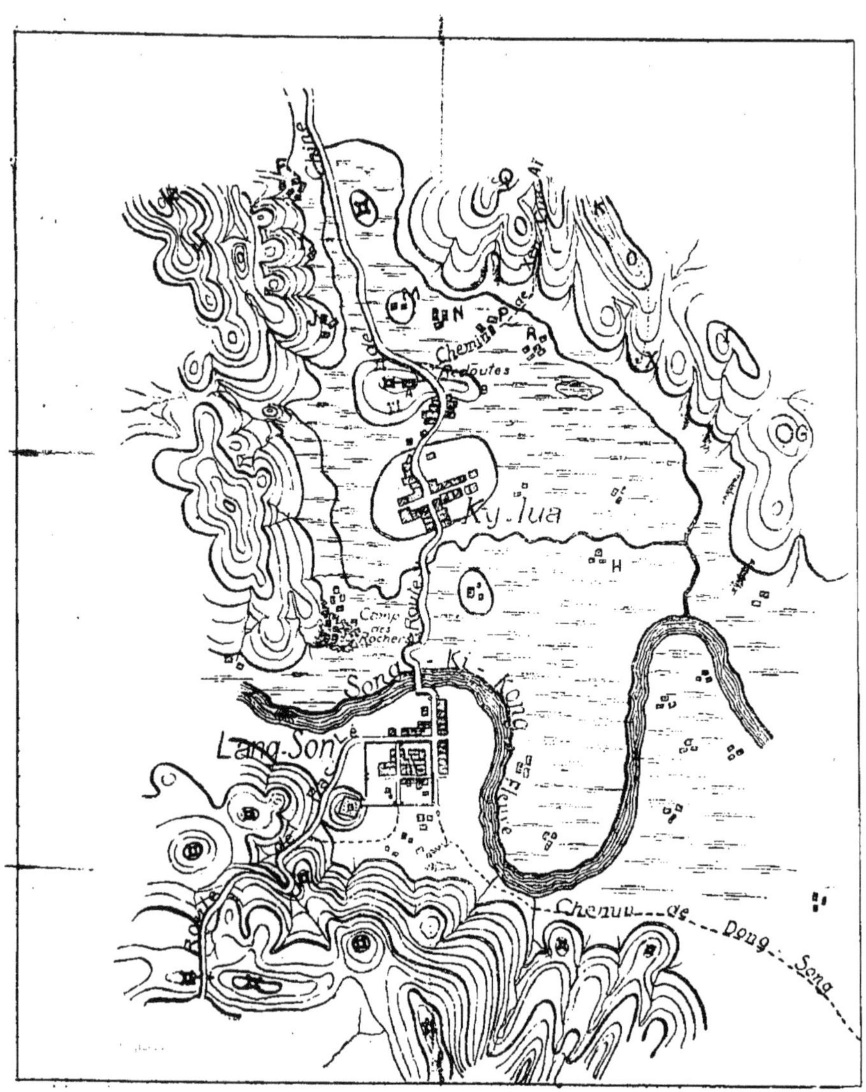

entre Ki-Lua et le fleuve avec une batterie d'artillerie (batterie Roperth).

Les redoutes étaient armées de l'artillerie prise à l'ennemi (des Krupp, des canons Vavasseur) ; enfin une batterie d'artillerie de 80 (batterie de Sacsé), restait sur la ligne occupée par le 3e bataillon de la légion.

Le général était à la redoute de gauche, la mieux située pour voir le développement de l'attaque.

Les ordres du général prescrivaient de ne commencer le feu que lorsque l'ennemi serait à petite distance ; celui-ci, trompé par ce silence, déboucha dans la plaine, continuant cependant à se dissimuler, mais ayant plus de hardiesse.

Le feu s'ouvrit lorsque ses colonnes d'attaque, quittant les villages M N P R, s'élancèrent : celle de droite sur les redoutes, celle de gauche vers l'extrémité est de notre ligne A B, menaçant de la tourner. (*Voir croquis n° 8.*)

L'ennemi éprouva alors de grandes pertes : ayant de nombreux groupes à découvert, tous les coups portaient ; il ne s'arrêta pas, néanmoins, mais son mouvement se ralentit. Enfin, il choisit de bonnes positions, abritées par des remblais, au bord des rizières, et ouvrit un feu violent contre notre ligne et les redoutes.

Pendant ce temps, le gros des troupes ennemies arrivait par la route de Dong-Dang et par celle de Xen-Cua-Aï ; l'artillerie du camp des Rochers canonnait celles de l'ouest, et la batterie de Sacsé celles de l'est.

Le bataillon du 111e fut envoyé dans un village près du Song-Ki-Kong, à l'est de Lang-Son, pour parer tout mouvement tournant sur notre droite et défendre la route de Dong-Song. Deux compagnies du 23e et une section d'artillerie furent postées sur les hauteurs, à l'ouest, pour tenir tête à un mouvement tournant possible sur notre gauche.

On sentait que les coups de notre artillerie portaient admirablement dans les groupes qui se démasquaient par moment pour avancer, et cependant le tassement continuait malgré tout ; l'ennemi s'approchait et s'abritait, attendant une plus grande force. Le combat traînait un peu en longueur, notre première ligne répondant tout juste aux tirailleurs des rizières ; seul, le canon, profitant de toutes les occasions, lançait des obus sur les groupes au loin et fouillait les villages M N P R qu'il incendiait en partie.

A un moment donné, la redoute de gauche se trouva presque dépourvue d'artillerie : les affûts des Vavasseur se brisaient à la suite du recul des pièces, puis un Krupp avait l'obturateur rompu. Le général envoya immédiatement trois pièces de la batterie de Sacsé pour les remplacer, laissant les autres se porter encore, de position en position, sur la face A B et à ses extrémités.

Vers 2 heures, la fumée était si gênante que le général ordonna de cesser le feu sur toute la ligne ; les hommes devaient s'abriter derrière les parapets et les mouvements de terrain; cette tactique pouvait amener l'ennemi à pousser son attaque et dévoiler ses intentions, c'est ce qui arriva.

Les deux compagnies du 23e qui restaient en réserve furent appelées immédiatement ; une de ces compagnies renforça l'infanterie de la redoute de gauche, et l'autre fut envoyée à l'ouest de celle de droite.

Dès que notre ligne fut silencieuse, les Chinois qui ne voyaient même pas nos parapets garnis, purent croire à notre retraite sur la citadelle.

Les groupes que le canon et la fusillade avaient dispersés plusieurs fois se reformèrent à 500 mètres environ et, pavillons déployés, reprirent la marche en avant. La première ligne sortit de ses abris et se précipita, poussant des cris, vers la redoute de gauche.

Ils étaient à 250 mètres environ lorsque toute la ligne s'alluma ; l'artillerie crachant la mitraille, l'infanterie faisant des feux de salve. La tête de la colonne fut littéralement fauchée. Malgré tout, l'élan était si fort chez l'ennemi, que le mouvement continua, après avoir riposté par un tir rapide, vigoureux; les pavillons tombés étaient relevés, toute la ligne repartait poussant des hourrahs.

De notre côté le feu continua avec vigueur, l'infanterie exécutant le feu rapide. Cependant la fumée vint à nouveau, assez épaisse pour nous obliger à cesser le tir; l'ennemi nous imita.

Dès qu'elle se dissipa, nous pûmes voir la déroute de nos assaillants qui fuyaient, abandonnant morts et blessés. Cette nouvelle attaque était donc repoussée, les cadavres ennemis couvraient le sol.

A ce moment quelques Chinois intrépides vinrent pour relever des blessés ; on les laissa faire, le général défendit de tirer. Enhardis ils s'approchèrent plus nombreux et emportèrent les blessés et les pavillons abandonnés.

Quelques instants plus tard, deux colonnes sortant subitement des abris qui les cachaient à nos vues, se précipitaient à nouveau vers les redoutes ; notre feu reprit avec intensité, mais ne les arrêta pas.

Ayant encore gagné du terrain, ces colonnes qui semblaient énergiquement conduites, durent succomber à leur tour, entièrement écrasées par nos obus à mitrailles et nos salves d'infanterie. Voyant, encore une fois, la ténacité de la défense et l'inutilité de leurs efforts, les Chinois reculèrent et reprirent leurs positions abritées.

C'est à ce moment que le général se décida à faire donner la réserve ; il était 3 heures.

Il envoyait au lieutenant-colonel Herbinger l'ordre d'attaquer la gauche de l'ennemi avec le bataillon du 143e, le 2e bataillon de la légion, deux compagnies de tirailleurs tonkinois et une section de 80 de montagne.

Cette contre-attaque passant par le hameau H, traversait le ruisseau pour gagner les collines et commençait ses feux du mamelon G, sur lequel elle s'était dirigée. De ce point, la marche en avant fut prise dans la direction I K, avec une ligne de tirailleurs sur les pentes. L'artillerie prenait position en G, puis en I, lorsque le mouvement fut assez avancé ; ses vues étaient très bonnes et prenaient à revers les abris qui avaient tant servi à l'ennemi dans les rizières et autour des villages M N P R.

Un mouvement général eut lieu dans les lignes chinoises dès que la contre-attaque fut bien dessinée. On vit des cavaliers portant des ordres ; puis de nombreux pavillons, débouchant du village R et du ravin y aboutissant, se portèrent déployés au-devant de nos troupes. Les pentes étaient rapidement gravies et couvertes de pavillons qui s'agitaient menaçants. Ce bel élan se ralentissait dès que, découvert par nos troupes, il recevait le feu de notre première ligne.

L'ennemi s'établit alors sur la croupe X O, qu'il ne dépassa pas; quelques réserves s'avancèrent encore pour le soutenir.

Notre première ligne gagnait du terrain, se portant de position en position, les réserves serrant; quelques feux étagés furent employés, mais sans durée, car il fallait avancer; de là dépendait le succès. Le mamelon I fut gravi; les feux de salve de cette position firent beaucoup de mal aux réserves de l'ennemi, bien visibles de ce point; enfin nos tirailleurs s'avançant sur les pentes de ce mamelon, menaçaient la ligne chinoise. Notre section d'artillerie quittant G, se portait en I; ses premiers coups de canon déterminèrent le premier mouvement en arrière de l'ennemi, qui se trouvait à 500 mètres environ; celui-ci prit de nouvelles positions en arrière et ne céda le terrain que pied à pied.

Ayant pressenti que notre manœuvre avait pour but de les envelopper par leur gauche, les Chinois résolurent la retraite générale, qui commença par cette aile.

A ce moment toutes les troupes ennemies, obligées de remonter les pentes par des défilés, quittaient les excellents abris qui les avaient protégés et se précipitaient dans ces passages par groupes, accélérant la marche. Ces défilés furent couverts de mitraille par les redoutes et la position A B; les feux de salve de l'infanterie de ces mêmes positions contribuèrent également à faire dans ces passages une véritable hétacombe de queues chinoises.

Les pavillons plantés sur les talus des rizières, au pied des redoutes, restaient néanmoins, et le feu continuait sur cette ligne, laissant s'écouler le gros des réserves. Ces tirailleurs n'abandonnèrent leurs positions que lorsque notre contre-attaque arrivait absolument sur leurs derrières en K et que notre ligne de front eut fait une démonstration en avant; ils regagnèrent les villages M N P et disparurent par leur droite. (Les rizières interdisaient toute poursuite directe aux troupes des positions A B et des redoutes.)

Il faut remarquer que les villages F I J et leurs abords avaient été occupés par les Chinois dès le commencement de l'action, servant de point d'appui à des démonstrations sur les collines de l'ouest, et que, à ces troupes, nous opposions non seulement la redoute de gauche de notre ligne, mais les feux du camp des

Rochers et des hauteurs de l'ouest que le général avait fait occuper; les positions I F ne furent abandonnées qu'après l'écoulement total des colonnes en retraite.

A 4 h. 1/2, toutes les positions chinoises étaient évacuées, l'ennemi en retraite sur toute la ligne était à plus de 1500 mètres, dénotant un certain désordre ; seules les hauteurs *y* et *z*, vers le nord-ouest, restaient occupées, pavillons flottants. Les Chinois abandonnaient ces dernières positions vers la fin du jour; leur armée semblait se rassembler à quelques kilomètres, à cheval sur la route de Dong-Dang et sur celle de Xen-Cua-Aï.

Commandement du lieutenant-colonel Herbinger.

Vers 3 h. 1/2, le général de Négrier tombait, atteint par une balle à la poitrine. Cette grave blessure le plaçait dans la nécessité absolue de quitter le champ de bataille; il fut transporté à l'ambulance de Lang-Son et le commandement de la brigade passa aux mains du lieutenant-colonel Herbinger.

En arrivant à la citadelle, il put dicter une dépêche au général en chef, pour l'informer des attaques infructueuses des Chinois et de la réussite de notre contre-attaque; il faisait aussi connaître sa blessure et la prise de commandement de son successeur.

L'examen de la blessure par le médecin-chef de l'ambulance, M. Zuber, laissa planer une certaine inquiétude; elle pouvait être fatale si l'estomac était atteint, et de courte durée, s'il n'y avait que seton, sans complications.

Ce ne fut qu'un seton, très heureusement, la balle ayant dévié en touchant un carnet placé dans la poche du dolman, et le corps expéditionnaire put encore profiter douze ou quinze jours après des brillantes qualités et de la dévorante activité du commandant de la 2e brigade.

Nos pertes, pour la journée, s'élevaient à 9 tués et 41 blessés, dont 6 officiers. Celles des Chinois étaient considérables. C'était la première fois que les rôles étaient intervertis : nos troupes se trouvaient derrière des parapets et l'ennemi en rase campagne ; aussi, grâce à la témérité de nos adversaires, la mitraille et la mousqueterie firent-elles de véritables hétacombes.

OFFICIERS BLESSÉS.

Général DE NÉGRIER.
Lieutenant BERGE, officier d'ordonnance.
Capitaine GAUCHERON, du 3e bataillon de la légion étrangère.
Sous-lieutenant ARMENGAUD, Id.
Médecin aide-major DE SCHULÆRE, Id.
Lieutenant CASANOVA, du 2e bataillon de la légion étrangère.

Le lieutenant-colonel Herbinger télégraphiait avant 5 heures du soir que, devenu commandant de la brigade, il estimait indispensable la retraite immédiate afin de ne pas compromettre les troupes de Lang-Son et qu'il se retirerait en deux colonnes sur Dong-Song et Than-Moï.

Ses intentions semblaient s'être modifiées un peu plus tard, après une entrevue avec le général et lorsque les Chinois eurent quitté les mamelons nord-est où ils restaient une menace ; il ordonnait seulement que l'ambulance partirait pour Chu emportant les blessés avec une compagnie du 111e pour escorte. Des troupes d'infanterie et de l'artillerie étaient envoyées sur les hauteurs ouest et sud pour couvrir la route de Than-Moï; le capitaine Martin, de l'artillerie de marine, recevait l'ordre de placer deux pièces à la porte de Song-Ki-Kong.

Évacuation de Lang-Son.

Les renseignement donnés par les chefs annamites au lieutenant-colonel Herbinger montraient de forts partis chinois engagés depuis la veille au delà de Song-Ki-Kong pour tourner la place et se porter sur Pho-Vy et Than-Moï sur notre ligne de communication. Ils avaient été vus dans les villages de la rive gauche entre Lang-Son et That-Ké. La question du ravitaillement étant primordiale et les approvisionnements étant insuffisants pour risquer un investissement de la place, que le secours des troupes du Delta, en ce moment très éloignées et occupées à Tuyen-Quan, pouvait seul faire disparaître, le chef de la 2e brigade décida l'évacuation à laquelle il semblait avoir renoncé vers 5 h. 1/2. Il prévint de sa décision les officiers supérieurs et donna les premiers ordres de départ.

Les commandants Diguet et Servière émirent l'opinion que cette retraite était prématurée, que les conditions d'approvisionnement de la brigade lui permettaient d'attendre, et que de nouveaux combats malheureux pouvaient seuls faire prendre une décision qui détruisait tous les résultats de l'expédition sur Lang-Son.

Le commandant Servière offrit même de rester dans la place avec deux compagnies de son bataillon ; il fut répondu que la décision d'évacuation était définitive et qu'il était inutile de sacrifier ainsi deux compagnies. Ces opinions, offre et réponse, ont été confirmées par des officiers de l'entourage des deux chefs de bataillon cités, qui étaient tous très affirmatifs.

L'auteur n'a pas à donner son opinion sur l'opportunité ou la nécessité même de l'évacuation ; c'est une question beaucoup trop grave sur laquelle on est resté divisé et qui a dû bien préoccuper les membres du conseil de guerre appelés à juger le lieutenant-colonel Herbinger.

Ce qu'il pense pouvoir affirmer cependant, c'est que le plus grand nombre croit ou semble croire qu'il fallait rester, mais que peu d'entre eux ont cherché à se rendre compte de la vraie situation en approvisionnements et de l'état de fatigue excessive dans lequel se trouvaient les troupes.

Cette évacuation n'eût pas eu lieu sous le commandement du général de Négrier, sûrement ; mais il connaissait bien, lui, tout ce qu'il pouvait demander à des hommes qui avaient en lui une confiance propre à les dédoubler à l'occasion ; il savait exactement ses ressources en munitions, en vivres, et n'aurait pas hésité à augmenter ces dernières par l'expédient des vivres substitués.

En un mot, le général de Négrier avait dans la main toutes les individualités de sa brigade et pouvait en extraire le superlatif, tandis que le lieutenant-colonel Herbinger, qui était resté étranger à ce qui n'intéressait pas directement les bataillons de son régiment de marche, n'avait pas la même confiance en lui-même et devait ressentir, en outre, son infériorité à la tête de la colonne, ignorant les approvisionnements, les moyens propres à les augmenter encore, étant donné surtout que l'effectif des troupes venait de s'élever sensiblement.

On peut trouver étrange cette affirmation, c'est cependant la vérité : la brigade manquait d'un commandant en second, préparé à remplacer son chef.

En effet, le général était remplacé par un lieutenant-colonel, et s'il fût survenu un nouveau malheur ou un accident à celui-ci, le commandement tombait aux mains d'un chef de bataillon. Ils n'avaient ni l'un ni l'autre l'étoffe d'un commandant en second pour assumer la responsabilité du commandement d'une brigade placée dans les conditions de celle de Lang-Son.

Le lieutenant-colonel Herbinger venait de passer huit jours à la tête de deux de ses bataillons, détachés à Dong-Dang, éloigné ainsi de tous les détails si multiples dans une colonne isolée, loin de sa base d'opérations, se ravitaillant elle-même, créant des voies de communication, usant de reconnaissances et d'espions, prête à combattre chaque jour un ennemi qui ne dissimulait pas ses intentions hostiles.

Il se trouvait manifestement dans de très mauvaises conditions, étant données surtout la retraite de Dong-Dang, après l'échec de Bang-Bô, et l'attaque furieuse de Ki-Lua par des forces nombreuses, les résultats de cette dernière restant aléatoires.

La retraite fut décidée en deux colonnes. Celle de droite ou principale devait suivre la route mandarine et se retirer sur Than-Moï. Elle était sous le commandement direct du lieutenant-colonel Herbinger et comprenait les trois bataillons de ligne, les compagnies du bataillon d'Afrique et la batterie d'artillerie de marine du capitaine Roperth ; son arrière-garde était confiée au commandant Servière.

Celle de gauche devait suivre la route de Pho-Vy et se retirer sur Dong-Song. Elle était sous le commandement du chef de bataillon Schæffer et comprenait les deux bataillons de la légion et la batterie du capitaine Sacsé (guerre) ; son arrière-garde était confiée au commandant Diguet.

Les convois furent organisés ; on ne devait employer au transport des bagages que les coolies strictement nécessaires. On dut abandonner un supplément que beaucoup d'officiers s'étaient procurés comme souvenirs à la prise de Lang-Son, à Dong-Dang ou à la Porte de Chine (armes, bibelots chinois).

Ordre fut donné de jeter dans le Song-Ki-Kong le matériel jugé trop encombrant pour la marche ou dont l'enlèvement nécessitait des coolies que le commandant de la brigade voulait garder pour les ambulances, afin de servir au transport des blessés dans les futurs combats.

Le matériel de la batterie Martin (marine) fut jeté à l'eau avec 500 projectiles; les chevaux de cette batterie devenus ainsi disponibles, furent chargés de munitions d'infanterie et de quelques obus à mitraille. C'était une batterie roulante de 4 (marine), qui n'avait pu suivre pendant la marche sur Lang-Son; son chef, navré de cette décision, demanda un ordre écrit qui lui fut envoyé par le chef d'escadrons de Douvres, commandant de l'artillerie.

Furent jetés à l'eau également les piastres formant les fonds du trésor de la brigade (130,000 pesant environ 3,500 kilogrammes). Le transport de cet argent (585,000 francs) nécessitait près de 100 coolies, que la colonne ne pouvait distraire du service des ambulances.

Seules les piastres du comptable des vivres, destinées à l'achat de bétail pour la brigade, payement des travailleurs annamites, etc., ne furent pas noyées, quoique les coolies nécessaires à leur transport eussent été retirés. Elles furent distribuées sur l'ordre de M. le sous-intendant Jau aux soldats d'administration, qui les remirent à leur officier comptable en arrivant à Chu.

On disposa dans la principale rue de la citadelle, proche des magasins, toutes les denrées restantes afin que les troupes les prissent au passage (pain, biscuit, viande de conserve, sucre, café, sel, tafia et thé); des munitions furent également distribuées dans les mêmes conditions.

Vers 8 heures, les troupes de Ky-Lua et des avant-postes recevaient l'ordre de rentrer à Lang-Son: il avait été interdit d'allumer les feux de bivouac.

Les colonnes se formèrent, les distributions se firent, la retraite commença; la colonne de gauche partit à 9 heures, celle de droite à 10 heures.

Le mât au bout duquel flottaient nos couleurs fut abattu par l'arrière-garde de la colonne de gauche; le lieutenant Ronget, qui commandait la compagnie, fit emporter ce drapeau.

Le pont de bambous sur le Song-Ki-Kong fut détruit par une section du bataillon d'Afrique, que commandait le lieutenant Dumeste, quelques instants avant le départ de la dernière fraction de la colonne de droite; il était 10 heures 1/2, lorsque le commandant Servière et les derniers Français quittaient Lang-Son.

29 *mars*. — Les colonnes ayant quitté Lang-Son le 28 mars au soir, comme il vient d'être dit, exécutèrent une marche forcée de 50 kilomètres et arrivèrent sans être inquiétées le lendemain : celle de droite, à Than-Moï à 3 heures ; celle de gauche, à 5 heures à Dong-Song ; les hommes étaient excessivement fatigués, la plupart avaient à peine dormi depuis huit jours et s'étaient peu nourris.

L'escadron du capitaine Pfeiffer, du 1er régiment de spahis, récemment arrivé au Tonkin, rejoignait les colonnes à quelques kilomètres avant qu'elles eussent atteint leur première destination ; ce renfort pouvait être très utile, la cavalerie de la brigade étant réduite à 20 chasseurs d'Afrique dont les montures étaient très fatiguées.

Le chemin qui reliait Than-Moï à Dong-Song à travers le col de Déo-Quao avait été fait par nos soins pendant l'occupation de Lang-Son ; ces deux postes distants de 6 kilomètres se reliaient donc facilement.

Le lieutenant-colonel Herbinger télégraphia au général en chef l'arrivée des colonnes et reçut de celui-ci l'ordre d'arrêter la retraite et de barrer le passage aux Chinois s'ils opéraient la poursuite ; des troupes d'artillerie et de cavalerie étaient annoncées comme renforts, l'infanterie disponible de la 1re brigade allait suivre. En conséquence, il donna l'ordre au commandant Schæffer de rester à Dong-Song où il devrait organiser la défense, les troupes qui s'y trouvaient déjà passant sous son commandement ; des mesures furent prises à Than-Moï pour défendre énergiquement la position, et les ordres donnés en conséquence.

Le soir arriva sans nouvelles des Chinois qui, apparemment, n'opéraient pas la poursuite.

30 *mars*. — Deux soldats de la légion étrangère arrivent à Than-Moï dans la matinée, venant de Lang-Son.

Ces hommes, qu'un violent accès de fièvre avait retenus lorsque la brigade partait, n'avaient quitté Lang-Son que vers 8 heures du matin le lendemain, sans voir les Chinois.

Les spahis envoyés en reconnaissance sur la route mandarine rendent compte que des groupes ennemis pouvant être une avant-garde avaient été aperçus vers Cut, et ceux de Dong-Song, envoyés pour explorer l'est et le sud, rapportent que les anciens forts chinois de Ha-Ho semblent occupés. On pouvait croire que l'ennemi évitant Dong-Song se portait sur nos derrières pour menacer notre retraite.

Les ordres donnés pendant tout le jour aux troupes employées aux avant-postes et à l'occupation de points importants autour de Than-Moï, sont précis : il faut tenir à tout prix. On n'eut pas à les exécuter, les Chinois ne se montrèrent pas.

A Dong-Song, il n'en fut pas de même : la grand'garde établie au nord pour couper la route de Pho-Vy fut attaquée vers 1 heure. Les petits postes se portèrent sur la position choisie pour la défense. Les Chinois, profitant des hautes herbes, s'étaient rapprochés à moins de 300 mètres, mais ne gagnaient pas de terrain ; quelques coups de canon tirés par la batterie du capitaine Roussel, qui armait le poste de Dong-Song depuis notre passage en février, décidèrent notre contre-attaque qui les fit reculer. La fin de la journée arrivait sans résultat marquant, l'ennemi avait été arrêté et notre ligne d'avant-postes avait avancé de plusieurs centaines de mètres pendant l'action ; nos pertes s'élevaient à 2 tués et 5 blessés.

Les renseignements recueillis dans la journée qui montraient les forts de Ha-Ho réoccupés, l'attaque des grand'gardes de Dong-Song, le peu de confiance que lui inspirait la valeur des positions à défendre, durent décider le commandant de la brigade à continuer la retraite, car il donna le soir les ordres du mouvement.

Le bataillon du 23e de ligne se retirait sur Kep, suivant la route mandarine ; le chef d'état-major de la brigade (commandant Fortoul) devait accompagner cette troupe qui était appelée, disait l'ordre, à se frayer un passage à travers les forces ennemies prêtes à déboucher sur sa droite.

Les autres troupes de Than-Moï passeraient le col du Déo-Quao pour se rendre à Chu avec celles du commandant Schæffer.

Il fut conservé disponibles pour le service du transport des blessés un assez grand nombre de coolies, et l'on abandonna les approvisionnements accumulés à Dong-Song et à Than-Moï ; des appareils de télégraphie optique, des dépêches même furent brûlés ; le commandant de la brigade voulut, comme à Lang-

Son, tout sacrifier pour conserver les moyens de transport des blessés dans les rencontres à prévoir.

Le mouvement commença dans la soirée; le bataillon d'Afrique qui formait l'arrière-garde arriva le dernier à Dong-Song à 3 heures du matin.

31 *mars* et 1er *avril.* — *Retraite de Dong-Song à Chu par la route de Déo-Quan.* — Dans la nuit du 30 au 31 mars, la légion étrangère prenait la route de Chu et allait s'établir par échelons, sur les mamelons à droite et à gauche de cette route, pendant que le reste de la brigade se préparait au départ; le bataillon d'Afrique eut le même sort. Ces troupes devaient rejoindre après le passage de la brigade et prendre la queue de la colonne; il s'agissait principalement de surveiller la gauche surtout dans le voisinage des anciens forts chinois que l'on croyait occupés.

Vers 8 heures du matin la colonne fut arrêtée pour attendre les compagnies de flanquement et se reposer un peu, car la marche avait été accélérée pour dépasser la région suspecte des forts de Ha-Ho.

Un petit engagement, qui nous valut 6 blessés, eut lieu au moment de la reprise de la marche. L'arrière-garde fut attaquée par un ennemi masqué dans les hautes herbes, ce qui détermina le lieutenant-colonel à faire déployer une compagnie. Le feu de celle-ci arrêta la poursuite; nous ne devions plus revoir les Chinois.

Une heure après, la colonne trouvait une batterie d'artillerie et un escadron de spahis envoyés de Chu pour renforcer la brigade; le mouvement de retraite continua néanmoins. Nous arrivions à 11 heures à Pho-Cam, poste intermédiaire entre Chu et Dong-Song, occupé par une troupe servant à la défense des convois et des approvisionnements que les convois y laissaient à leur passage, lorsque les coolies faisaient défaut au départ. Une partie du contenu des magasins fut distribuée pendant la grand' halte faite à ce poste, puis la marche fut reprise; la brigade arrivait au col de Déo-Quan où elle s'installait au bivouac, une heure avant la nuit. Pas d'incidents nouveaux.

On trouvait au col de nouveaux approvisionnements, un parc de charrettes, des bœufs pour les traîner; les charrettes étaient chargées pendant les premières heures du jour, le 1er avril et suivaient la colonne; du riz et du café que l'on ne put emporter furent mélangés avec du sable et jetés dans un ravin.

Enfin, la brigade arrivait à Chu dans la matinée et se dispersait dans les cantonnements. Là nous apprîmes que le 23e était arrivé à Kep le 31 mars, sans avoir rencontré d'ennemis, et que le colonel Borgnis-Desbordes, de l'artillerie de marine, était envoyé pour prendre le commandement de la brigade.

Le colonel arriva le 2 avril et fit paraître l'ordre suivant :

Appelé, en raison de la grave blessure du général de Négrier, à prendre le commandement provisoire de la brigade, j'arrive ici avec des troupes nouvelles et des munitions.

J'ai reçu du général l'ordre d'arrêter avec vous, et coûte que coûte, tout mouvement rétrograde.

C'est ce que nous ferons.

BORGNIS-DESBORDES.

Le général en chef arriva à Chu le 7 avril et fit paraître l'ordre suivant :

Officiers, sous-officiers et soldats de la 2e brigade, la série de vos succès s'est arrêtée le 24 mars.

L'ennemi que vous aviez si vaillamment mis en déroute sur son territoire, un mois avant, s'est présenté devant vous décuplé et retranché dans des positions formidables.

Pour la première fois, il fallut vous replier sur les ouvrages enlevés la veille.

Le 28 mars, alors que l'ennemi, renforcé de plus en plus, osait vous disputer les positions de Ky-Lua, vous infligiez encore à ses masses une sanglante défaite.

Mais par une amère dérision du destin, au moment même où les colonnes chinoises précipitaient leur retraite sous l'effort de votre contre-attaque, vous appreniez que votre vaillant chef, le général de Négrier, ce brave entre les braves, grièvement blessé, venait d'être emporté à l'ambulance.

Le commandement, du fait de ce malheur, tombait entre des mains insuffisamment préparées.

Au lieu de vous faire prendre la seule attitude convenable à des vainqueurs qui n'avaient jamais compté la nuée de leurs ennemis, on vous fait battre en retraite la nuit

Vous êtes arrivés à Chu épuisés de fatigue, mais sans pertes.

Les vaincus du 28 mars ne pouvaient, en effet, songer à vous poursuivre. A peine revenus de leur étonnement, ils montrent encore la plus grande circonspection.

Ils sentent que s'ils osaient vous inquiéter, vous les décimeriez avec le même entrain et le même succès qu'autrefois.

Maintenant, plus forts que jamais, vous êtes appuyés sur des positions inexpugnables entre les mains de conscrits.

Soldats de la 2e brigade, souvenez-vous que depuis que le monde existe, jamais armée chinoise n'a forcé une position défendue par des troupes européennes.

Brière de L'Isle.

Là s'arrêtent les feuilles du Journal de marche de l'auteur, qui s'est efforcé de faire revivre les situations vues, les moments vécus, s'abstenant de toute critique, laissant au lecteur le soin des déductions à faire.

Il regrette cependant, avec les combattants de l'expédition dirigée contre Lang-Son, que les revers qui la terminèrent aient tellement terni les lauriers cueillis dans les nombreux combats livrés avant le 24 mars, qu'ils aient été jugés indignes de fournir un nom glorieux à graver sur la médaille commémorative de la campagne du Tonkin.

Dong-Song ! Pho-Vy ! Dong-Dang ! Bang-Bô ! Ky-Lua ! il n'y avait que l'embarras du choix.

Paris. — Imprimerie R. Chapelot et Ce, rue Christine,

PARIS. — IMPRIMERIE R. CHAPELOT ET Cᵉ, 2, RUE CHRISTINE.

www.ingramcontent.com/pod-product-compliance
Ingram Content Group UK Ltd.
Pitfield, Milton Keynes, MK11 3LW, UK
UKHW021200220726
13924UKWH00003B/1244

9 782019 930721